1분이면
충분하다

이건희

스티브 잡스

마쓰시타 고노스케

이나모리 가즈오

빌 게이츠

제프 베이조스

일론 머스크

마크 저커버그

이건희에서
머스크까지
가장 매력적인
경영의 신들

세계경제를
움직인
8대 경영인의
혼이 담긴말

ONE MINUTE IS ENOUGH

1분 이면
충분 하다

김영상 엮음

스타북스

지금부터
나의 1분은
특별하다

지금, 오늘 우리의 삶을 움직이는 세계 8대 경제인들의 말 한마디에 혼이 담긴 경영철학을 모두 정리하여 이 책에 담아 읽기 쉽고 보기 좋게 편집하였다. 독자들은 이 책을 매일매일 꾸준히 포기하지 않고 읽기만 해도 어느새 세계에서 가장 매력적인 경제인들의 경영철학을 자연스럽게 공유하게 될 것이다.

1분이면 이들의 일언입혼(한마디 말에 혼을 담는다)을 5개도 충분히 읽을 수 있다. 따라서 이 책을 읽는 1분은 다른 때와는 달리 대단히 특별할 수밖에 없다.

원고를 정리하다 보니 동서양 경영인들의 경영철학이 다르면서도 같고 같으면서도 다르다는 것을 느낄 수 있었다. 그러나 공통적으로 창업자들은 학교를 끝까지 다니지 않고 자기가 하고 싶은 일을 못 참고 그 일에 빨리 도전하는 사람들이다. 그리고 학교에서 공부를 꼭 잘한 것도 아니다. 빌 게이츠는 이렇게 말하기도 했다. "난 시험에서 F를 맞은 적이 몇 번 있다. 내 친구는 모든 시험을 통과했다. 그는 지금 마이크로소프트에서 엔지니어로 일하고 있다. 난 마이크로소프트 주인이다." 이렇게 말하기도 한 빌 게이츠는 지식이 필요할 때는 도서관에서 살다시피 하기도 했다.

빌 게이츠뿐만 아니라 모든 경영자들은 지적 호기심을 대부분 독서로 해결하고 스티브 잡스처럼 명상을 통해 자기 것으로 만들었다. 그리고 중요한 결정을 하고 회사의 발전과 수많은 직원들의 미래를 생각하면서 경영에 몰두하는 사람들이다. 따라서 이 책은 지금도 세상을 움직이는 경영자들 가운데 경제철학의 명언들이 가장 많은 여덟 분을 선정하여 그분들의 어록과 명언들을 망라하여 정리했다. 아무쪼록 독자들은 8대 경영인들의 혼이 담긴 말을 공유하여 인생을 살아가는 데 많은 도움이 있기를 진심으로 바란다.

하늘을 나는 고래를 꿈꾸며

김문성

차례

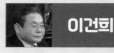

1

ONE MINUTE IS ENOUGH

이건희

이건희

李健熙

1942～2020

말 한마디에 경영철학의 혼을 담은 이건희 회장은 경영의 승부사로도 손색이 없는 최고 경영인이다. 아버지 이병철이 사망한 1987년에 그룹 회장이 되었다. 1993년 6월 '신경영'을 선언했다. 이후 신경영을 자신의 모토로 삼아왔으며, 그가 삼성을 이끌던 바로 이 시기에 삼성전자는 미국과 유럽 그리고 일본의 기업들을 제치고 세계 초일류 기업으로 올라섰다. 아버지인 이병철 회장과 함께 한국의 반도체 산업을 일으킨 양대 주역이며, 삼성그룹의 제2의 창업주라 불려도 손색없다. 1987년 취임 당시 삼성그룹의 연매출은 10조원이 안 됐지만 그가 취임하고 30년간 경영하면서 삼성그룹의 연매출은 400조를 넘어서며 무려 40배 이상으로 성장했다. 특히 반도체 산업은 '미친 산업'이라고 불릴 정도로 불확실성이 큰 사업 분야이다. 그런 분야에서 미국과 일본에서는 중소 제조업체 취급당하던 삼성을 최첨단 업종인 반도체와 휴대폰을 세계 최고 수준으로 끌어올렸으니 경영 실적만 두고 보면 중앙집권적 오너 경영의 이상적인 사례였다고 볼만하다.

우리는 일본에 아날로그에서는 뒤졌지만 디지털에서는 앞서간다。

당신들은 최선을 다하겠지만 나는
목숨을 겁니다. 이 세상에는 공짜도
없지만 거저 되는 것도 없습니다.

발상이 말랑말랑하지 않으면
새로운 아이디어가 나오질 않아.
그러면 혁신은 사라지고 현실에
안주하려고만 하게 돼 있어.

제일 무서운 사람은 회장도
대통령도 아닌 소비자고 국민이야.
삼성은 사람에 해로운 일,
사회혼란을 가져오는 일, 싸구려
물건을 파는 일은 안 해.

뛸 사람은 뛰어라. 바삐 걸을
사람은 걸어라. 말리지 않는다.
걷기 싫으면 놀아라. 안 내쫓는다.
그러나 남의 발목은 잡지 말고
가만히 있어라. 왜 앞으로 가려는
사람을 옆으로 돌려놓는가?

출근부 찍지 말고 없애라. 집이든
어디에서든 생각만 있으면 된다.
구태여 회사에서만 할 필요 없다.
6개월 밤을 새워서 일하다가 6개월
놀아도 좋다. 논다고 평가하면 안
된다. 놀아도 제대로 놀아라.

불량은 암이다. 삼성은 자칫
잘못하면 암의 말기에 들어갈
가능성이 있다. 생산 현장에 나사가
굴러다녀도 줍는 사람이 없는 조직이
삼성전자라면, 3만 명이 만들고
6천 명이 고치러 다니는 비효율,
낭비적인 집단인 무감각한 회사다.

제트기가 음속(1마하)의 두 배로
날려고 하면 엔진의 힘만 두 배로
있다고 되는가. 재료공학부터
기초물리, 모든 재질과 소재가
바뀌어야 초음속으로 날 수 있다.

삼성 브랜드 가치를 높이고 인류의
삶을 풍요롭게 하는 일이라면,
누구와도 손을 잡을 수 있어야 하고
모자라는 부분은 기꺼이 협력하는
결단과 용기가 필요하다.

지금이 진짜 위기다. 글로벌
일류기업이 무너지고 있다. 삼성도
언제 어떻게 될지 모른다. 앞으로
10년 내에 삼성을 대표하는 사업과
제품은 대부분 사라질 것이다. 다시
시작해야 한다. 머뭇거릴 시간이
없다.

이
건
희
의

한
마
디

입체적 사고를 훈련하는 방법으로 조금
특이한 영화 감상법을 권한다. 보통
관객들은 주인공에 감정을 이입해 본다.
하지만 조연이나 등장인물 각자, 감독과
카메라맨의 입장까지 두루 생각하면서
감상해 보자. 생각 없이 영화를 보면
움직이는 그림에 불과하지만 이렇게
여러 각도에서 보면 한 편의 소설, 작은
세계를 볼 수 있다. 처음에는 무척 힘들고
바쁘다. 하지만 습관으로 굳어지면
입체적인 '사고의 틀'이 만들어진다.
음악을 들을 때나 미술작품을 감상할 때,
일할 때도 마찬가지다.

기업을 잘 경영하려면 보이지
않는 것을 봐야 한다. 그러려면
'입체적 사고'를 해야 한다. 나무
한 그루를 심더라도 숲을 생각하고
숲의 여러 효과와 가치를 생각하는
것처럼, 사물의 본질을 생각하고
여러 각도에서 분석하는 훈련이
필요하다.

나는 개인 취향보다 미술사적
가치를 먼저 생각한다. 그래서
컬렉션에는 인상파부터
현대미술까지 주요 작가의 작품이
거의 다 있다.

우리 문화재는 한데 모아둬야
가치가 있다. 따라서 문화적 가치가
있다면 가격을 따지지 않고 산다.

대한민국에서 도자기는 내가 제일
잘 봐. 다른 사람들은 감정만 해주면
되지만, 나는 내 돈 들여 사잖아.

21세기는 문화 경쟁의 시대가 될 것이다.
이것을 준비하는 것이 내 의무다.

문화유산을 모으고 보존하는
일에 막대한 비용과 시간이
들어갈지라도 이는 인류 문화의
미래를 위한 것으로서 우리 모두의
시대적 의무라고 생각한다.

반도체, 자동차, 철강, 전자, 중화학,
이거를 탄탄하게 해놓지 않으면
후대에서 원망을 들을 수도 있어.

지금 제1, 제2 이동통신 나오는데
앞으로 제4, 제5 이동통신 시대로
갈 거야.

절대로 파벌 만들면 안 돼.
하나회 같은 거 보라고.

사람은 주기가 있어서 잘될
때가 있고 안 될 때가 있는 거야.
실수하면 바로 바꿔버리고 그러면
사람이 클 수가 있나. 인간은 일
년에 석 달 이상을 꽃피지 못해.

임직원의 의식주, 건강, 자식교육,
이런 걸 회사의 영역으로 갖고
와야 돼. 직원이 걱정이 없어야
회사 일에 집중하게 되고 창의력이
생기는 거야.

자식이 잘 자라줘야 되고 부모가
편안해야 되지. 노인과 아이들을
중요시하지 않는 나라는 망하게
돼 있어. 내가 사업이나 공장을 할
때마다 노인정, 탁아소 만들라는 게
그 얘기야.

아침에 또 쭉 생각해 놓은 거
결심을 했는데 고졸 중 실력
있는 이는 정직하게 올려주자고.
과장이든 부장이든 이사든 달아줄
수 있어야 해.

앞으로 삼성에서 사람을 다치게
하거나 사회 혼란을 가져오는
업종은 과감히 포기하라.

우리는 일본에 아날로그에서는
뒤졌지만 디지털에서는 앞서간다.

초일류기업은 후세에 남겨줄
지고의 가치이자 목표이다.

이
건
희
의

한
마
디

21세기에는 사람을 위한
의료산업이 꽃피울 것이다.

나는 뛰어난 작전치고 오래
끄는 것을 본 적이 없다.

위기와 불황을 체질강화의
디딤돌로 삼아라.

기업에는 핵이 되는 사람이 있고
짐이 되는 사람이 있다.

일을 믿고 맡겼으면 권한을 주고
기다려야 한다.

승부를 결정짓는 것은 수비가
아니라 공격이다.

때론 포기할 줄 아는 결단과
용기도 있어야 한다.

다른 문화에 대해서도
생각이 열려 있어야 한다.

학연이나 지연에 얽매이면
조직은 붕괴된다.

더 이상 재래식 모방과 헝그리
정신만으로는 안 된다.

경쟁력은 사람과 기술, 사회의
믿음과 사랑에서 나온다.

우리나라는 기업은 2류, 행정은
3류, 정치는 4류라는 말이 있다.

21세기는 한 명의 천재가 10만~20만
명의 직원을 먹여 살린다.

기회를 놓치고 나서 '이제부터는
잘해서 만회하겠습니다.'는 소용없다.

바람이 강하게 불면 불수록
연은 더 높게 뜰 수 있다.

새로운 10년이 시작된다. 21세기의
10년은 더욱 더 빠르게 움직일 것이다.

이
건
희
의

한
마
디

우리는 위대한 내일을 향해 새로운
도전을 시작해야 한다.

여성 인력을 잘 활용하지 못하면
회사와 나라에 크나큰 손해다.

20세기는 경제전쟁 21세기는
두뇌전쟁의 시대가 될 것이다.

남의 잘됨을 축복하라. 그 축복이
메아리처럼 나에게 돌아온다.

들어온 떡만 먹으려 말라.
떡이 없으면 나가서 만들어라.

힘들어도 웃어라. 절대자도
웃는 사람을 좋아한다.

기도하고 행동하라. 기도와 행동은
앞바퀴와 뒷바퀴이다

내 영혼을 위해 투자하라. 투명한
영혼은 천년 앞을 내다본다.

마음의 무게를 가볍게 하라. 마음이
무거우면 세상이 무겁다.

씨 돈은 쓰지 말고 아껴라.
씨 돈은 새끼를 치는 종자돈이다.

적극적인 언어를 사용하라.
부정적인 언어는 있는 복도 나간다.

자신감을 높여라. 사람은
기가 살아야 운이 산다.

장사꾼이 되지 말라. 경영자가
되면 보는 눈이 달라진다.

세상에 우연은 없다. 한번 맺은
인연을 소중히 하라.

이건희의
한마디

돈 많은 사람을 부러워 말고
그 사람이 사는 법을 배워라.

본전 생각을 하지 말라.
손해가 이익을 끌고 온다.

느낌을 소중히 하라.
느낌은 신의 목소리다.

돈을 애인처럼 사랑하라.
사랑은 기적을 보여준다.

기회는 눈 깜빡 하는 사이에
지나간다. 순발력을 키워라.

말이 씨앗이다. 좋은 종자를 골라서
심어라.

돌다리만 두드리지 말라. 그사이에
남들은 결승점에 가있다.

돈의 노예로 살지 말라.
돈의 주인으로 기쁘게 살아라.

이건희 의
한마디

절망 속에서도 희망을 잃지 말라.
희망만이 희망을 키운다.

인색하지 말라. 인색한 사람에게는
돈도 야박하게 대한다.

있을 때 겸손하고 없을 때는
당당하게 행동하라.

한발만 앞서라. 모든
승부는 한발자국 차이다.

마음이 가난하면 가난을 못 벗는다.
마음에 풍요를 심어라.

돈이 가는 길은 따로 있다.
그 길목을 지키며 미소를 지어라.

부자 옆에 줄을 서라. 산삼 밭에
가야 산삼을 캘 수 있다.

부자처럼 생각하고 행동하라. 나도
모르는 사이에 부자가 되어있다.

이건희의
한마디

항상 기뻐하라. 그래야 기뻐할 일이
줄줄이 따라온다.

경영이 무어냐고 묻는다면 '보이지
않는 것을 보는 것'이라고 답하겠다.

나는 선친으로부터 '기업은 곧
사람'이라는 말을 수없이 들어왔다.

끈기 있게 생生의 데이터를 모아야
한다. 역사의 차이는 곧 기록의 차이다.

레슬링이든 탁구든 사업이든 뭐든
일본만 이기면 나는 기분이 좋다.

직관과 통찰력은 훈련을
통해 기를 수 있다.

내가 볼 수 없는 미래를 볼 수 있는
사람을 옆에 두라.

내 앞에서는 담배를 피워도 좋다.
고객 앞에서는 절대 피우지 말라.

이건희의
한마디

무언가 자꾸 막히는 것은
'우선멈춤' 신호다. 멈춘 다음
정비하고 출발하라.

내가 두려워하는 것은 실패 그
자체가 아니라 같은 실패를
되풀이하는 것이다.

나는 어릴 때부터 물건을 뜯어보는
습관이 있다. 그 안의 구조를 알고
싶었기 때문이다.

나는 레슬링의 룰을 통해 규칙과
원칙의 중요성을 배웠다.

바둑 1급 열 명은 바둑 1단
단 한 명을 이길 수 없다.

기술과 지식, 정보를 길러라.
이것이 경쟁력의 원천이다.

서비스에서 가장 중요한 것은
기술력을 바탕으로 한 고객만족이다.

모든 조직은 젊어질수록 경쟁력이
살아난다.

헌 돈은 새 돈으로 바꿔 사용하라.
새 돈은 충성심을 보여준다.

버릴 건 빨리 버리고 시작할 건
빨리 시작하라.

이
건
희
의
한
마
디

깨진 독에 물 붓지 말라. 새는
구멍을 막은 다음 물을 부어라.

요행의 유혹에 넘어가지 말라.
요행은 불행의 안내자다.

작은 것 탐내다가 큰 것을 잃는다.
무엇이 큰 것인가를 판단하라.

최고 경영자는 좋은 의미의
메기가 되어야 한다.

기쁨 넘치는 노래를 불러라. 그
소리를 듣고 사방팔방에서 몰려든다.

지갑은 돈이 사는 아파트다. 나의
돈을 좋은 아파트에 입주시켜라.

값진 곳에 돈을 써라. 그러면 돈도
신이 나면 떼를 지어 몰려온다.

마케팅은 철학과 문화를 파는
마케팅이라야 한다.

이건희의
한마디

규율과 질서는 지키게 하되
자율과 창의는 최대한 존중하라.

좋은 대우만큼 직원에게
훌륭한 격려는 없다.

미래를 위해 가장 먼저 할 일은
인재 확보다.

성과를 내는 직원은 사장보다 더
많이 보상하라.

사람만큼 귀한 존재는
없다. 사람을 소중히 하라.

여자와 개와 돈은 같다. 쫓아가면
도망가고 기다리면 쫓아온다.

잘 뽑는 것만큼 잘 배치하고
잘 챙기는 게 중요하다.

안달하지 말라. 돈은
안달하는 사람을 증오한다.

이
건
희
의

한
마
디

마음이 가난하면 가난을 못 벗는다.
마음에 풍요를 심어라.

기업은 살아 있는 생명체다. 끊임없이
변하지 않으면 살아남을 수 없다.

극과 극으로 대비해서 보는
흑백논리의 시각에서 벗어나라.

인간이 인간을 믿는 것이야말로
가장 큰 재산이다.

다가올 21세기는 문화의 시대이자
지적 자산이 기업의 가치를
결정짓는 시대다. 기업도 단순히
제품을 파는 시대를 지나 기업의
철학과 문화를 팔아야만 한다.

앞으로 세상에 디자인이 제일
중요해진다. 개성화로 간다.
성능이고 질이고는 이제 생산 기술이
다 비슷해진다. 앞으로 개성을 어떻게
하느냐 디자인을 어떻게 하느냐
이것이 중요하다.

휴대폰 품질에 신경을 쓰십시오.
고객이 두렵지 않습니까?

이
건
희
의

한
마
디

비싼 휴대폰, 고장 나면 누가 사겠습니까?
반드시 1명당 1대의 무선 단말기를 가지는
시대가 옵니다. 전화기를 중시해야 합니다.

언제까지 그들(미국, 일본)의 (반도체)
기술 속국이어야 하겠습니까? 기술
식민지에서 벗어나는 일, 삼성이
나서야지요. 제 사재를 보태겠습니다.

반도체 사업 초기는 기술 확보
싸움이었다. 일본 경험이 많은 내가
거의 매주 일본으로 가서 반도체
기술자를 만나 그들로부터 조금이라도
도움이 될 만한 것을 배우려 했다.

디자인과 같은 소프트한 창의력이
기업의 소중한 자산이자 21세기
기업경영의 최후 승부처가 될 것이다.

지금 세계경제가 불확실하고
경영 여건의 변화도 심할 것으로
예상되지만, 이러한 시기에 투자를
더 늘리고 인력도 더 많이 뽑아서
글로벌 사업기회를 선점해야
그룹에도 성장의 기회가 오고 우리
경제가 성장하는 데도 도움이 될
것이다.

이건희의
한마디

협력업체는 우리와 같은 배를
타고 있는 신경영의 동반자다.
협력업체의 질적 수준이
세계일류로 올라갈 때 비로소
우리가 목표로 하는 세계일류가
달성될 수 있을 것이다.

여자라는 이유로 채용이나 승진에서
불이익을 준다면 당사자가 겪게 될
좌절감은 차치하고라도 기업의 기회
손실은 무엇으로 보상할 것인가?

결국, 내가 변해야 한다. 바꾸려면
철저히 바꿔야 한다. 극단적으로
얘기해 마누라와 자식만 빼고 다
바꿔야 한다.

핵심 인재를 몇 명이나 뽑았고
이를 뽑기 위해 사장이 얼마나
챙기고 있으며, 확보한 핵심 인재를
성장시키는데 얼마나 노력하고
있는지를 사장 평가항목에 반영하자.

대기업과 중소 협력업체가 함께
성장하는 것은 대기업을 위해서뿐만
아니라 시장경제와 자본주의를 건전하게
발전시키는데도 필요한 일이다.

5명이 할 일을 4명이 하면 더
잘한다. 그 이유를 생각해 봐라.

이건희의
한마디

상품의 원가는 기업이 아니라
고객이 매기는 것이다.

미래는 준비된 자의 몫이다. 미래를
위한 확실한 투자는 인재 육성이다.
우수한 인재를 뽑고 각자의 능력을
마음껏 발휘할 수 있도록 분위기를
만들어 줘야 한다.

지난 30년 동안 '하면 된다'는 '헝그리
정신'과 남을 뒤쫓아 가는 '모방정신'으로
세계가 부러워하는 경제성장의 기적을
만들어 냈다. 그러나 이제 더 이상 재래식
모방과 헝그리 정신만으로는 새로운
시대를 이끌어 갈 수 없게 되었다. 이제는
자율적이고도 창의적인 주인의식이 있어야
한다. 스스로 신바람이 나서 정열적으로
일하고 그 속에서 자아실현이라는 기쁨도
얻을 수 있어야 한다.

하드적인 제품의 성능이나 품질은 시간이
지나면서 점차 평준화되기 때문에 더
이상 차별적인 경쟁 무기가 될 수 없다.
인간의 지적 창의력이 부의 크기와
기업의 경쟁력을 좌우하게 될 것이다.

개를 길러 봐라. 상대방 처지에서
생각하는 법을 배우게 된다.

이
건
희 의
한
마
디

바람이 강하게 불수록 연은 더
높게 뜰 수 있다. 지금 필요한 것은
위기를 도약의 계기로, 불황을
체질강화의 디딤돌로 삼을 수 있는
땀과 희생, 그리고 용기와 지혜다.

환경 보전과 에너지 고갈문제를 해결하기
위해 각국 정부도 녹색산업에 투자하고
있다. 또 인류의 건강과 삶의 질을 높이는
사업은 기업의 사명이기도 하다.
다른 글로벌 기업들이 머뭇거릴 때
과감하게 투자해서 기회를 선점하고 국가
경제에도 보탬이 되도록 해야 한다.

대기업과 중소기업은 부부와 같이
이끌고 밀어주면서 공존공영 해야 한다.

과장에서 부장까지는 5시까지는
정리하고 모두 사무실을 나가세요.
이것은 명령입니다.

과거의 성공에 도취하고 현재의
편안함에만 안주한다면 정상의
자리는 남의 몫으로 넘어갈 것이다.

이건희의
한마디

1

ONE MINUTE IS ENOUGH

스티브 잡스

스티브 잡스

Steven Paul Jobs

1955～2011

리드 칼리지를 1학년 1학기만 다니고 중퇴해버린 스티브 잡스는 돈과 정해진 틀에 얽매이지 않고 본인이 하고 싶은 공부를 자유롭게 하고자 청강생 신분으로 리드 칼리지에 18개월간 더 앉아 있었다.

따분한 IT계의 인물인 데다가 일반인들이 그다지 존경하기 쉽지 않은 기업가라는 측면에서 잡스가 대중적으로 상당한 인지도가 있는 것은 독특한 일이다. 이것은 그가 서민 가정에 입양되고 특유의 기질로 성공하고도 성격과 개인의 결함으로 나락으로 추락했다가 전과 다른 면모로 화려하게 부활했지만 최고의 자리에 있을 때 젊은 나이에 사망이라는 영화에서나 나올 법한 삶을 실제로 살았기 때문이다.

사업가 스티브 잡스는 분명 대단한 사람이었고, 존경받아 마땅하고 훌륭한 사람이었지만, 인간 스티브 잡스는 다소 자기중심적이고 성격적 결함이 있었다. 하지만 아이맥과 휴대폰을 고안한 그가 살아 있다면 또 다른 무언가가 세계를 지배하고 있지 않을까?

위대한 일은 언제나 다른 사람과 협력해야만 이뤄낼 수 있다.

애플에서 해고된 것은 내게 일어날 수 있는 최고의 사건이었다. 그 사건으로 인해 나는 성공이란 중압감에서 벗어나 초심자의 마음으로 다시 돌아갔다. 그것은 내 인생에 가장 창의적인 시기로 들어가는 자유를 주었다.

단순함을 얻기란 복잡함을 얻기보다 어렵다. 무언가를 단순하게 만들기 위해서는 생각을 깔끔히 정리해야 한다. 이 과정은 어렵지만 한번 거치면 당신은 무엇이든 할 수 있다.

일은 당신의 삶에서 큰 부분을
차지할 것이다. 삶에서 만족을
느끼기 위해선 당신이 위대하다고
생각하는 일을 해야 한다. 위대한
일을 할 방법은 당신이 하는 그
일을 사랑하는 것이다.

나는 비즈니스를 비틀즈 같은
것이라 생각한다. 그들은
개개인이 다른 사람과 조화를 이뤄
시너지를 이끌어 내고 그게 바로
내가 비즈니스를 보는 방식이다.
위대한 일은 언제나 다른 사람과
협력해야만 이뤄낼 수 있다.

나는 올바른 사람이 되는 데 관심이
없다. 성공에만 신경을 쓸 뿐이다. 나는
내가 잘못되는 것을 신경 쓰지 않는다.
내가 많이 잘못된 사람임을 인정하지만
사실 이런 것들은 내게 별로 중요하게
생각지 않는다. 중요한 것은 우리
모두가 '옳은 일'을 하는 것이다.

스티브 잡스의
한마디

나는 항상 혁신적인 변화를
쫓아왔다. 그건 더 어려웠기
때문인지 모른다. 혁신은
감정적으로 굉장히 압박이 심하다.
그리고 모든 사람들이 당신에게
완벽히 실패했다고 이야기하는
시기를 이겨내야 한다.

소크라테스와 오후를 보낼 수 있다면
나의 모든 기술을 넘길 수 있다. 그리고
나는 우리가 이뤄온 것들만큼 우리가
아직 이루지 못한 것들이 자랑스럽다.
혁신은 현존하는 수천 가지 것들에
'아니'라고 말하는 것이다.

내가 곧 죽을 것이라는 사실은
인생에서 큰 결정을 할 때 도와주는
가장 중요한 도구이다. 당신이
언젠가 죽을 것이라는 사실을
기억하는 건 우리가 아직 잃을 게
많다는 착각으로부터 벗어나는
좋은 방법이다.

나는 항상 혁신적인 변화를
쫓아왔다. 그건 더 어려웠기
때문인지 모른다. 혁신은
감정적으로 굉장히 압박이 심하다.
그리고 모든 사람들이 당신에게
완벽히 실패했다고 이야기 하는
시기를 이겨내야 한다.

스티브 잡스의
한마디

새로운 것을 시도할 때 가끔은
실수를 한다. 그 실수들을 빠르게
인정하고 또 다른 새로운 시도를
시작 할 때 개선해 나가는 것이
최선의 방법이다.

우리는 많은 것을 할 수 있는
기회가 없기 때문에 지금 하는 일을
훌륭히 해내야만 한다. 이건 우리
인생이기 때문이다. 인생은 짧고
끝이 있기 때문에 맡은 일을 정말
훌륭하게 해내야 하고 가치 있게
만들어야 한다.

가장 중요한 것은, 당신의 마음과
영감을 따를 수 있는 용기를 가지는
것이다. 당신의 마음과 영감은 이미
당신이 진심으로 되고 싶은 바가
무엇인지 알고 있다.

미래에 어떻게 될지는 알 수 없다.
단지 현재와 과거의 일들을 연관시켜
볼 수 있다. 그러므로 당신의 현재
일들이 어떤 식으로든 연결되어
당신의 미래가 만들어지는 것을
알아야 한다. 자신의 용기, 기적, 인생,
업보 그 무엇이든 간에 스스로에게
신뢰를 가져야 한다.

스티브 잡스의
한마디

당신의 시간은 한정되어 있으니,
다른 누군가를 위한 삶을 살면서
낭비하지 마라. 다른 사람들이
마음대로 정해버린 독단적인
견해에 동요되지 마라. 다른 사람들
의견에 대한 소리에 당신 내면의
소리가 묻혀 듣지 못해서는 안
된다.

지난 33년 동안 매일 아침 거울을
보며 물었다. "오늘이 인생 마지막
날이라면, 오늘 할 일을 하고 싶나?"
이에 대한 답이 "아니오!"고 그런
날이 연달아 계속되면, 변화의 시점이
찾아왔다는 걸 깨닫는다.

창조성이란 단지 점들을 연결하는
능력이다. 창조적인 사람들한테 어떻게
그걸 했냐고 물어보면, 그들은 약간
죄책감을 느낀다. 왜냐하면 그들은
뭔가를 한 게 아니라, 뭔가를 보았기
때문이다. 그들한텐 명명백백한 것이다.
그들은 경험들을 연결해서 새로운 걸
합성해 낸다.

우리 IT업계에선 다양한 인생 경험을 갖고 있는 사람이 별로 없다. 연결할 만한 충분한 '점'들이 없고, 그래서 문제에 대한 넓은 시각이 없는 매우 단선적인 솔루션을 내놓는다. 인간 경험에 대한 광범위한 이해를 갖고 있을수록, 더 훌륭한 디자인이 나올 것이다.

스티브 잡스의
한마디

많은 사람들에게 '집중'이란 집중해야할 것에 '예스'하는 걸 의미한다. 하지만 전혀 그런 게 아니다. 집중이란 좋은 아이디어 수백 개에 '노'라고 말하는 것이다. 당신은 조심스럽게 골라야 한다.

예술가처럼 창조적인 삶을 살고
싶다면, 뒤를 너무 돌아보면 안된다.
당신이 지금까지 무얼 했든지, 당신이
누구였든지 간에 그 모든 걸 내던질
자세가 되어 있어야 한다.

테크놀로지는 아무 것도 아니다.
중요한 건 사람들을 신뢰하는
것이다. 그들이 기본적으로
훌륭하고 똑똑하다는 걸 믿는
것이다. 사람들에게 도구를 주면, 그
도구로 훌륭한 일을 해낼 것이다.

개개인으로 보면 사람들은 선하다.
하지만 그룹으로 모아놓은 사람들에
대해선 난 다소 비관적인 견해를
갖고 있다. 전체로서의 사람들은
이 나라가 아이들을 위해 더 좋은
곳으로 만드는 데 관심이 없다.

팝 컬처도 아니고, 사람들을 속이는
것도 아니다. 원하지 않는 걸 원하도록
사람들을 설득하는 것도 아니다.
먼저 우리는 우리가 무얼 원하는지
파악한다. 그리고 다른 사람들도
우리가 원하는 걸 원할지 말지를
파악하는 과정을 거친다. 우리는 그런
일에 꽤 능숙하다고 생각한다.

미친 사람들, 골칫덩어리들, 네모난 구멍의
둥근 못들… 사물을 다르게 보는 사람들,
그들은 규칙을 좋아하지 않는다. 당신은
그들 말을 인용할 수도 있고, 반대할 수도
있고, 칭찬하거나 욕할 수도 있다. 하지만
당신은 절대 그들을 무시하면 안된다.
왜냐면 이들은 세상을 변화시키기 때문이다.
이들은 인류를 앞으로 전진시킨다.

인생에서 가장 좋아하는 것을 하는
데는 돈이 필요하지 않다. 즉 우리
모두가 가진 가장 귀중한 자산인
시간이 필요한 것이다.

혁신은 리더와 추종자를
구분하는 잣대다.

남은 인생을 설탕물이나 팔면서
보내고 싶습니까, 세상을 바꿀
기회를 갖고 싶습니까?

혁신은 1000번을 '아니오'라고
말하는 것에서 시작된다.

오늘, 지금 위험한 일로 가득하다면
매우 좋은 징조이다.

위대한 일은 언제나 다른 사람과
협력해야만 이뤄낼 수 있다.

제품들이 후지다! 나는 제품에서
더 이상 섹스를 찾을 수가 없다.

우리에게 필요한 건 현재의 궁지에서
벗어나도록 방법을 혁신하는 일이다.

일본 제품이 마구 밀려오고 있다.
마치 해변에 떠밀려온 죽은
물고기처럼.

혁신은 연구개발 자금을 얼마나 갖고
있느냐 없느냐와는 전혀 상관없다.

애플의 DNA는 기술만 가지고는
충분히 만족시킬 수 없다.

스티브 잡스의
한마디

기술은 인문학과 사람의 마음에서
우러나오는 휴머니티를 반영해야 한다.

타인의 의견 때문에 자신의 직감을
믿는 용기를 포기하지 말라.

여러분은 참으로 사랑스러운 케이크를
구워왔다. 그러고는 그 위에다
개똥으로 설탕 옷을 입혀왔다.

우리의 통찰력들 가운데 하나는
음악도서관을 아이팟 속이 아닌
아이튠즈 안에 설치했다는 점이다.

우리는 위대한 아이디어를 훔치는
것에는 수치심을 느끼지 않는다.

디자인은 디자이너에게 맡기고
엔지니어는 디자인에 따라 만든다.

매일을 인생의 마지막 날처럼 산다면,
언젠가는 꼭 성공할 것이다.

당신이 아름다운 침실용 옷장을
만드는 목수라면 뒷면에 합판을 쓰지
않을 것이다.

품질에 대한 본보기가 돼라.
사람들은 훌륭함이 어떤 것인지
익숙하지 않다.

어제를 뒤돌아보는 건 그만하자.
그 대신 내일을 발전시켜 나가자.

나는 항상 점진적 개선이란 개념을
존중하고, 내 삶에 적용해왔다.

나는 좀 더 혁명적인 변화에
항상 이상한 매력을 느낀다.

나는 모든 사람이 "당신 완전
실패했어"라고 말하는 시기를
거치게 되었다.

가장 중요한 건 내 안의 마음과
직감을 따를 용기를 가져야 한다는
것이다.

당신의 삶에 만족할 수 있는 방법은
당신이 하는 일이 '위대하다'고
믿는 것이다.

위대한 일을 하는 유일한 방법은
당신이 당신 일을 사랑하는 것이다.

스티브 잡스의
한마디

사랑하는 일을 찾지 못했더라도
타협하지 말고 그 일을 계속 찾아라.

모든 위대한 관계처럼, 당신도
해마다 더 좋아지게 될 것이다.

밤마다 잠자리에 들면서 "오늘 굉장한 일을 했어"라고 말할 수 있도록 하는 것이다.

외부의 기대든, 자존심이든, 죽음을 기억하면 정말로 중요한 것만 남는다.

망신이나 실패에 대한 두려움도 죽음 앞에선 아무것도 아니다.

미래를 보면서 인생의 점들을 연결할 순 없다. 과거를 돌아봐야 점이 연결된다.

당신의 배짱, 운명, 인생, 인연 등
당신에 관한 모든 걸 신뢰해야 한다.

혁신을 시도하다 실수를 할 때는 다른
혁신들로 서둘러 개선해나가야 한다.

스티브 잡스의
한마디

인간 경험에 대한 광범위한 이해를
갖고 있을수록 더 훌륭한 디자인이
나올 것이다.

누구도 죽길 바라지 않는다. 천국에
가는 이들도 천국에 가려고 죽음을
택하진 않는다.

우리 모두가 공유하는 죽음은 삶의
가장 훌륭한 발명품이다.

죽음은 삶을 바꾸는 원동력이다.
새로운 것을 위해 낡은 것을 없애 준다.

창조성이란 단지 점과 점들을 생활에
편리하게 연결하는 능력이다.

창조적인 사람들은 수많은 경험들을
연결해서 새로운 걸 합성해 낸다.

예술가처럼 창조적인 삶을 살고
싶다면, 뒤를 너무 돌아보면 안 된다.

당신이 지금까지 무얼 했든
누구였든 간에 그 모든 걸 내던질
자세가 돼야 한다.

스티브 잡스의
한마디

집중과 단순함은 기업경영과 제품을
만드는 내 원칙 중 제일 첫 번째다.

컴퓨터는 우리 마음속의 자전거와 같고
인간이 만든 것 중 가장 위대한 도구다.

단순함의 힘은 일단 단순함에 도달하면,
산도 움직일 수 있다.

때론 인생이 벽돌로 당신 머리를 칠
것이다. 그래도 절대 믿음을 잃지 마라.

성공한 사업가와 실패한 사업가의 차이는
인내심이 있느냐 없느냐의 차이다.

개개인으로 보면 사람들은 선하다.
하지만 그룹이 되면 난 다소 비관적다.

고객들에게 어떤 걸 원하는지
물어보고 그걸 주려고 하면 안된다.
고객들 요구에 맞게 무언가를
만들어내면, 그들은 이미 다른
새로운 걸 원하고 있다.

흥미로운 아이디어와 기술의
혁신을 지속시키는 회사는 많은
규율이 필요하다.

스티브 잡스의
한마디

탁월함의 표준이 되라. 어떤
사람들은 '탁월함'이 요구되는
환경에 적응하지 못한다.

해군보다 해적이 되라! 해군에 입대하는
것보단 해적이 되는 게 더 재밌다.

당신은 그들 말을 인용할 수도, 반대할
수도, 칭찬하거나 욕할 수도 있다.

사람들은 젊을 땐 TV를 보면서 그
뒤에 뭔가 음모가 있을 거라 생각한다.

TV는 음모가 아니라 사실은 방송이
사람들이 원하는 걸 정확히 들어주고 있다.

애플은 우리가 무얼 원하는지
파악하고 다른 사람들도 원할지
말지를 파악한다.

스티브 잡스의
한마디

1

맛있다 고노스케

ONE MINUTE IS ENOUGH

마쓰시타 고노스케

松下幸之助

1894~1989

일본에서 '경영의 신神'으로 추앙받는 마쓰시타 고노스케는 경영을 단순한 '돈 벌이'가 아니라 사람들의 행복에 기여하는 가치 있는 종합예술로 여겼다. 마쓰시타의 삶은 패전국 일본이 세계 경제의 기관차로 떠오르는 과정 그 자체였다. 그는 와카야마현 출생으로 가전업체인 마쓰시타전기산업(주)의 창업자다. 9세 때 국민학교를 중퇴한 후 더부살이로 전전하다가 1910년 오사카 전등회사에 입사해 공원·검사원으로서의 경력을 쌓았다. 1917년 퇴사해 전년도에 실용신안특허를 취득한 개량 소켓의 제조·판매에 착수했다. 1918년 마쓰시타전기기구제작소를 창업했다. 이후 독자적인 경영이념과 경영수완으로 사업경영의 급속한 확충에 성공했다.

1935년 회사조직으로 전환한 마쓰시타전기산업(주)은 해외 주요도시로 진출해 세계굴지의 가전제품 제작·판매회사가 되었다. 상표인 'National'은 세계적으로도 유명하다. 그 밖에 기업홍보지 《PHP》를 통해 사상적 계몽운동에 이바지했고, 인재양성을 위해 마쓰시타정경숙을 설립해 일본의 정치, 경제, 사회에서 최고의 엘리트 교육기관이 되었다.

못 배웠기 때문에 행복하다.

배움이 적었기 때문에

만나는 사람마다 배울 수 있었다.

난 하늘에서 내려준 세 가지 축복을 받았다.
가난하게 태어났다는 것과 어려서부터
허약했다는 것, 그리고 배우지 못했다는
것이다. 가난했기 때문에 어릴 때부터
세상 살아가는 데 필요한 많은 경험과
부지런함을 깨달았고 몸이 약해 건강의
소중함을 알았다. 건강관리를 잘해 90살이
넘어서도 건강하게 살고 있다. 초등학교
4학년밖에 다니지 않아서 항상 다른
사람을 스승 삼아 가르침을 얻을 수 있었다.

못 배웠기 때문에 행복하다. 배움이 적었기
때문에 만나는 사람마다 배울 수 있었다.

병약했기 때문에 행복하다. 고노스케는
어려서부터 잔병치레를 하고 항상
몸이 약했는데, 그 덕분에 평생 건강을
챙기며 절제된 생활을 할 수 있었다.

가난한 집에서 태어나 행복하다.
가난했기 때문에 그는 남이 아픈
것과 필요로 하는 것을 알 수 있었다.
그래서 회사 직원들과 소통도 잘했고
상품을 개발할 때도 도움을 받았다.

카리스마를 가진 경영자는
장기적인 사업 비전을 제시한다.
행동할 것인가 혹은 멈출
것인가를 고민해야 할 경영자가
도덕군자만을 자청할 때 그의
카리스마는 퇴색된다.

어려운 상황을 해결하려면 혁신적인
방법을 생각해내야 한다. 그런 방안을
창조해내지 못하는 한 상황은 좀처럼
나아지지 않을 것이다.

나 자신이 천재일우의 기회를 맞고 있다고 생각해라. 과거에 있을 수 없던 인생과 조우한 것처럼 말이다. 과거 수천 년 수억 명 중 그 어떤 때 그 누구보다 혜택 받은 시대에 태어났음을 기뻐하고 각자 명배우가 되어 연기를 펼쳐야 한다.

중요한 것은 미래를 낙관적으로 생각하면 내가 해야 할 일이 무엇인지 더 많이 생각하게 된다는 점이다. 십년 뒤에는 어떤 세상이 되어 있을지 지금부터 계획해서 아이디어를 내야 한다는 생각을 하는데 그러면 즐거워져서 시간이 가는 줄을 모른다.

마쓰시타 고노스케의 한마디

원만한 인간관계는 힘이 되어
발전으로 이어진다는 것을 기억해야
한다. 좋은 인간관계를 형성하는
데 저해되는 나쁜 습성이 있다면 그
습성을 고치기 위해 스스로 노력해야
한다는 의미다.

누군가가 위로 올라가려 한다면
그가 오를 수 있도록 도와야
한다. 이것을 의식하느냐 하지
않느냐에 따라 그 회사 그 단체
나아가 그 나라의 발전수준이
크게 차이가 난다.

타인을 돕는 것에 머무는 것이 아니라
자신이 가진 지식과 재능을 살리느냐
살리지 못하느냐의 문제와도 큰
관련이 있음을 기억하길 바란다.

나는 아침에 일어날 때 그리고
잠자리에 들 때 두 손을 모으고 기도를
하며 하루를 시작하고 마감한다.

일의 크고 작음에 상관없이 간절한
태도로 임해야 한다. 그렇게 하면
결과는 달라질 것이다.

감사하는 마음과 두려워하는
마음이 있으니 인정 같은
따듯한 감정이 생겨나는 것이다.
감사와 두려움을 모른다면 결국
사람으로서의 도리를 다할 수 없다.

두려움은 공손하며 자신의 분수를
지킨다는 뜻으로 볼 수도 있어
겸허함이라고 할 수도 있다.

이 돈은 내 돈이 아니다. 내가
장사를 하므로 우선 그 이익은
회사의 것 개인의 것이 되겠지만
본질적으로는 모두 사회의 것이다.

나는 인간이 살아가는데 중요한 것
중 하나가 기쁨을 느끼는 것이라고
생각한다. 기뻐할 줄 아는 사람은
당연히 많이 행복할 것이다.

우리는 사회를 위해 제품을 만들고
그것을 인생의 의미로 삼아야 한다.
또한 돈 벌이 만을 위해서 장사를
하는 것이 아니라 사회를 위해서
장사를 해야 한다.

나는 인간 사회에서 정직이
무엇보다 귀중한 가치라고
생각한다. 아울러 마음의 넓이도
중요하다고 생각한다.

장사를 하는 사람이 물질에 얽매이며 추악한 생각을 하거나 정당하지 않은 방식으로 장사를 하게 되면 세상이 해롭게 변하고 말 것이다.

나를 위해서 그리고 세상을 위해서 노력하자.

오십년이 지난 지금 생각해보면 큰 뜻을 품고 일을 해서 성공 했다고는 말할 수 없지만, 하루하루를 성실하게 살아냄으로써 큰 뜻을 품고 일에 몰두해 성과를 거둔 것이 아닐까 하는 생각이 든다.

지식이 점점 늘어나는 것은
좋은 일이지만, 지식을
유용하게 사용하는 데
힘써야 한다.

새로운 것이 탄생했다 해도
그 깊이가 얕은 경우가 많다.

나는 무엇보다 열정을 통해
만들어낸 것이 진짜라고 생각한다.
현명함만으로는 새로운 것이
탄생되지 않는다.

해보자라는 열정이 있으면 누구나
새로운 것을 만들어낼 수 있다.
새로운 것은 능력과 슬기로움을
통해 만들어지기도 하고
이루어지기도 한다.

마쓰시타 고노스케의 한마디

현명함에 열정이 더해져야 더
빛나는 결과를 얻을 수 있다.

솔직한 사람은 성장한다.
겸허한 마음을 잃지 말라.

인사·예의범절은 윤활유다. 다양한
상황에서 여러 사람과 함께 일할 때
관계를 매끄럽게 해준다.

할 수 없다는 핑계는 찾지 않는다.
지식을 갖출수록 처음부터 이건 된다,
안된다고 판단해 버리기 마련이다.

길은 무한하다고 믿는다.
곤란하지만 반드시 해결하겠다는
결심을 굳건히 하는 과정 속에서
방법을 찾을 수 있다.

우선은 3년 동안 노력해본다. 3년
동안 노력해 봐도 나와 맞지 않는다면
다른 길을 찾아라. 하지만 그 3년의
노력은 결코 헛된 것이 아니다.

조금이라도 이해하면 충분하다.
완전히 납득하지 못하는 게
대부분으로 이 세상은 대개가
반신반의로 하고 있는 것이다.

마쓰시타
고노스케의 한마디

성공할 때까지 포기하지 않는다.
한 가지 일을 관철한다는 것은
상당히 어렵지만 가장 효율적이다.

열의가 아이디어를 낳는다. 자나
깨나 한 가지 일에 몰두 하면
생각지도 못한 지혜가 생긴다.
아이디어는 인간의 열의와 열정에
대한 신의 보상이다.

행운을 기다리지 말아라. 우리가
활동하고 생활하는 도처에 인연이 있다.
그 인연을 전부 네 것으로 만들어라.

절대 줄다리기를 하지 말아라. 세상일을
어렵게 보지 말고 단순하게 보아라.
열이면 열, 다섯이면 다섯이다. 다섯을
여섯이라고 주장해 뭔가를 더 얻으려
하는 건 오히려 수고만 더 들 뿐이다.

세세하게 보고한다. 보고를 하느냐 마느냐는 큰 차이가 있다. 그러한 작은 것이 주위를 안심시키고 그 사람에 대한 신뢰가 쌓이는 것이다.

상사는 제언을 기다린다. 선배는 경험이 많고 일에 대해 숙지하고 있지만 반대로 선입관을 갖고 있어서 당연하다 여기는 게 많다. 많이 제언하고, 의견을 밝히고 구하라.

60점 정도를 적임자로 삼는다.
그 사람이 적임자인가 아닌가
판단하는 것은 중요하지만 실제로
알 수 없는 경우가 많다. 60점
정도면 꽤 성공이다.

나는 에이스만 모으지 않는다.
평범한 사람도 잘 섞으면 상당한
성과가 있다. 그러한 조합을
지도자는 알아야 한다.

명령조가 아닌 상담조로 말하라. 원
맨 스타일이면 어딘가 불만이 남는다.
내 생각은 이런데 네 생각은 어떠냐는
식으로 이야기하라.

신상필벌은 매우 중요하다.
적절한 타이밍에 칭찬하고 벌하지
않는다면 멋대로 행동하게 되고,
규칙도 질서도 엉망이 된다.
적절하고 공평한 상벌이 필요하다.

단점보다 장점을 본다. 사람을 보는 데
있어서 장점을 보는데 70%, 단점을
보는데 30%를 쓰는 것이 적당하다.

주위 사람들이 자신보다 훌륭하다고
생각해라. 자기 부하는 자기보다
훌륭하다고 생각 하는가 아닌가에
따라 장사의 성패가 갈린다.

좋고 싫음으로 사람을 부리지
않는다. 선입견을 가지지 말고 일에
도움이 되는 사람인가 아닌가로
판단하라.

고민을 털어놓을 수 있는 부하를 한
명은 둬라. 아무리 열심히 일해도
고민이나 불평을 털어놓을 부하가
한 명도 없다면 지치게 마련이다.

제안에는 먼저 감사를 전하라.
제안을 하는 부하의 행위와 열의를
충분히 받아들여 상사가 기뻐한다는
분위기를 회사와 가게에 넘치도록
하는 것이 중요하다.

솔선수범은 사람을 움직이게 한다.
사원이 일하도록 시키기보다 먼저
자신이 일사불란하게 움직여라. 마음이
움직여 주변에서 스스로 일하게 된다.

마쓰시타
고노스케의 한마디

요란스럽고 귀찮게 할 필요가 있다.
인간은 약한 본성이 있어 스스로
최선을 다하는 경우가 드물다.
때로는 누군가의 감독과 지도로
어쩔 수 없이 하는 일이 점점 몸에
익어 좋은 습관이 되기도 한다.

문제를 타인의 탓으로 돌리지 않는다.
대부분의 경우 실패 원인은 자신에게
있다. 더구나 지도자라면 100% 그
책임을 자신에게 돌려야 한다.

자신의 단점을 알아야 한다. 인간은
자신의 결점을 드러내는 것을
부끄럽다고 생각하기 쉽지만 그럴
필요가 없다.

리더는 항상 자신이 가장 위험하다는
것을 자각해야 한다. 만약 사장이
조금이라도 실수한다면 몇 억 엔이
단숨에 날아갈 수 있다.

이익은 사회로부터의 보수다. 이익
없는 경영은 그만큼 사회에 대한
공헌이 없는 것이며 본래 사명을
이루지 못할 것이다.

마쓰시타
고노스케의 한마디

공존공영은 조직 존속의 조건이다.
모든 거래처, 관계자와의
공존공영을 생각하는 것은 중요하며
그것이 기업 자체를 오래 발전시킬
수 있는 길이다.

경영은 '당연하다'는 것이 어렵다.
비가 내리면 우산을 쓰는 것이
당연하다. 하지만 사심에 휩쓸려
판단을 그르쳐 우산을 쓰지 않고
걷는 경우가 종종 있다.

분수에 맞는 인재로 충분하다. 너무
잘나도 곤란하다. 너무 잘난 사람만
모아서는 일을 그르칠 수 있다.

은행의 돈을 빌리고 싶다면 주의해라.
은행에서 자기네 돈을 쓰라고 할 때는
주의해야 한다. 정직하게 필요한
만큼의 돈을 빌리러 가서 80%만 빌릴
수 있는 상황이 가장 안전하다.

사업이 커지는 걸 경계하라. 기업은
커지면 보기에 멋질 수 있지만
내실은 약해지기 쉽다. 커질수록
두루두루 볼 수 없게 된다.

조금의 여유를 가지고 움직여라.
모든 일에는 조금의 빈틈을 둬야
견실하고 실패나 손해가 적어진다.

마쓰시타
고노스케의 한마디

10명 중 3명은 회사의 전력이
되지 않는다. 3명은 회사의 전력에
불필요하지만 그러한 사람을
끌어안고 갈 것을 처음부터 각오할
필요가 있다.

호황이면 좋다, 불황이면 더욱
좋다. 불황이면 소비자가 어느
가게가 좋은지 음미하게 된다.
그러면 지금까지 싸게 판 가게가 더
잘 팔린다. 이를 이해한다면 경기가
좋고 성수기일수록 싸게 판다.

세상은 나보다 옳다. 세상은 내가
잘못된 일, 예상치 못한 일을
하지 않는 한 나를 받아들이고
지지해준다.

주체성을 갖고 사람들의 지혜를
모으라. 경영자로서의 자리를
제대로 지키면서 사람들의 지혜를
모으는 곳에 진정한 지혜가
생겨난다.

경영자야말로 순수한 마음의
소유자여야 한다. 순수한 마음이
되면 사물의 실상이 보인다. 관용,
자비의 마음이 생겨나, 아무리
정세가 변해도 유연하고 융통성
있게 대응할 수 있으며 매일 새로운
경영을 하기 쉬워진다.

사업에서 가장 중요한 것은 고객이
만족 여부와 지금 운영하는 자신의
가게가 단골손님에게 과연 얼마나
도움을 주는지, 단골손님이 얼마나
기뻐하고 고마워하는지가 중요하다.

많이 팔기 위한 진열보다 고객을 기쁘게
만드는 진열 방식이 은연중에 손님의
뇌리에 깊이 남아 장기적으로는 더 높은
성과를 올릴 수 있다.

내 경험상 고객을 가장 중요하게
생각하며 끊임없이 자기반성과
검토를 하면 자신의 가게가 존재하는
의의에 대한 확신이 생긴다.

사업을 하는 이상 모든 기업은
서비스라는 의무에서 자유로울 수 없다.

고객에게 내거는 경품 가운데
가장 좋은 경품은 친절한
웃음이다. 자기 상품에
변함없는 관심을 가져주는
고객에게 감사의 마음이 듬뿍
담긴 웃음이란 경품.

사람은 강한 비바람을 맞지 않으면 진정한
의미에서 단련되었다고 할 수 없다.

장사꾼이 설득력을 지니지 못하면
성공하지 못한다. 어떤 물건을 권할
때도 설득력을 갖췄느냐 그렇지
못하느냐의 여부에 따라 물건을 파는
성과에 큰 차이가 생긴다.

평범하게 그날그날을 충실히
살아감으로써 이런 성과를 올릴 수
있었다고 확실히 말할 수 있다.

만나기 어려운 사람이라도 그의 잠자리에
무작정 찾아갈 수 있을 정도의 용기와
열정이 있다면 반드시 성공할 것이다.

상품을 팔면 돈을 버는데 돈을 버는 원천인
상품을 돈보다 소홀히 여길 수 없다.

마쓰시타 고노스케의 한마디

옛날부터 오사카상인에게는
단골고객이 사는 방향으로는 다리
뻗고 자지 말라고 했다. 자신의 가게가
오늘에 이를 수 있었던 이유는 자신의
가게를 찾아준 단골손님 덕분이라고
생각해 그쪽으로는 다리를 뻗고 자는
것조차 두려워했다.

영업사원에게는 절대적으로
긍정적인 생각과 긍정적인
마음가짐이 좋은 상품을 제공하고,
기쁨을 제공하고, 행복을 제공한다.

시대가 변하고 온갖 이름의
판매기법이 판을 친다고 하더라도
변함없는 진리는 스스로 감동한
상품을 찾아서 고객을 위하는
마음으로 권유하는 것이다.

사업이란 거창한 무엇인가를
보란 듯이 해치우는 것이 아니다.
남과는 다른 생각과 앞선 행동
하나에 천양지차로 달라질 수 있는
가능성의 미학인 것이다.

장사를 하는 이상 절대로 손해
보는 짓을 해서는 안된다. 손해란
있을 수 없다고 생각해야 이익이
창출되고 사회로 환원된다.

장사를 하는 사람은 호황, 불황이
따로 없다고 생각해야한다.
근본적으로 장사는 호황과 불황이
없고, 아무리 불경기라도 상황을
뚫고 나갈 수 있는 방법은 얼마든지
있으며 오히려 불경기 일 때 일이
더 많다.

나는 은행에서 1만원 대출하면 될 것을
2만원 대출해서 여분의 1만원은 다시
예금으로 넣어둔다. 그러면 필요할 때
언제라도 찾아 쓸 수 있다.

어떠한 경우에도 변하지 않는
사실은 기업의 경영자는 항상
최선을 다해야한다는 것이다. 모든
난관을 뚫고 나가겠다는 각오와
노력 없이는 전쟁과도 같은 삼엄한
현실에서 살아남지 못한다.

천명의 사원을 책임지는
경영자는 천명만큼 생각하고,
만 명의 사원을 책임지는
경영자는 만 명만큼 생각해야
한다.

상인에게 가장 중요한 것은 무엇일까?
바로 모두에게 사랑받는 것이다.

우리는 늘 최고의 품질을
추구하고 보다 많은 손님들에게
기쁨과 정신적 풍요로움을
제공하는 것을 사명으로 한다.

나는 어떤 상황에서도 절대로
비관해서는 안된다고 생각한다.
비관적으로 생각하면 지혜가 샘솟지
않는다. '내가 뭘 해야 할지, 지금
상황은 이러한데 그 원인은 어디에
있을까? 왜 이렇게 된 것일까?'를
냉정하게 생각하다보면 뜻을 잃는
일은 없다.

어떤 상황에 처하더라도 결코
뜻을 잃어서는 안된다. 어려움에
부딪혔을 때 오히려 뜻을 더
높이거나 높이지 못하더라도 뜻을
확고하게 품고 있어야 한다.

내가 할 수 있는 일에 최선을 다하고
한편으로는 하늘의 뜻에 결과를 맡겨야
한다. 결국 하늘의 뜻이 있었기에
살아날 수 있었다고 생각한다.

자신이 할 수 있는 모든 일을 다하고
하늘의 뜻을 따르는 것이야 말로
삶에 대한 옳바른 태도가 아닐까?

자신의 의식이나 행동에 따라 운명의 결과가 달라질 수 있다. 우리는 삶의 태도에 따라 자신의 운명을 활용할 수 있는 기회와 여지가 남아있는 것이다. 자신의 인생에서 어찌할 도리가 없는 일이 생긴다 해도 굳은 신념을 가지고 자신의 길을 힘차게 걷기 위해 노력하면 또 다른 길이 열릴 것이다.

세상의 모든 것을 만들어낸 절대적인 힘이 있다고 생각해 보자. 위대하고 근원적인 힘이 존재하고 그런 힘이 우리를 지켜보고 있다고 생각하면 속임수에 현혹되지는 않을 것이다.

자신의 운명을 당당히 받아들이면서
살 때 사람은 행복을 얻을 수 있다.

운명관과 마음가짐으로 살면 의연한
마음이 생겨난다. 그렇기 때문에 나는
내일 죽는다고 해도 두렵지 않다. 그것이
운명이면 어쩔 수 없는 것이니까. 나 자신이
할 수 있는 노력을 다했다면 그 외에는
운명에 맡겨도 된다고 생각한다.

자신의 일이 즐겁고 회사나 사회에
보탬이 된다면, 또한 그것으로
충분하다는 마음가짐을 가진다면 삶
자체가 더욱 단단해지고 행복해진다.

나는 욕망이 살아가는 힘이라고
생각한다. 인간에게 욕망이 없다면
세상은 제대로 돌아가지 않을 것이다.

우리가 먼저 자신을 반성하고
전통을 잘 인식하는 것이 중요하다.

욕망을 부여하는 방법이 적절하고
나아가 욕망을 충족시켜주는
방법이 적절하며 욕망을
경계하도록 주의할 수 있다면 어떤
일이라도 성취할 수 있다.

언제나 순수한 마음을 품어야한다.
순수한 마음을 가지면 여러분은
강하고 바르게 살 수 있다.

사람은 누구나 순수한 마음을 품으면
현명해진다. 순수함은 마음의
극점이고, 극치는 현명함의 극치다.
이는 곧 신의 지혜를 뜻하는 것이다.
순수한 마음 그 자체로 신의 영역에
다다를 수 있다는 말이다.

순수한 마음을 가지고 그 마음이 점점
더 강해지면 신의 영역에 이른 것처럼
탁월함을 유지할 수 있다. 이것은 곧
신의 지혜를 얻게 된다는 뜻이다.

순수한 마음을 갖추어야겠다고
결심하고 노력해야 한다. 주의를
기울이고 신경을 쓰지 않으면
언제든 해이해질 수 있다. 그러니
언제나 내가 행한 모든 일에 대해
그것이 과연 순수한 마음에 의한
행동이었는지 겸허하게 자신을
돌아보고 반성해야 한다.

순수한 마음의 극치는 총명함, 그리고
현명함의 극치와 일맥상통한다. 이때
현명함의 극치는 언제나 현명함을
잃지 않는 것이다. 언제나 흔들림
없이 현명함을 유지한다는 것은 신의
혜안을 갖춘 것과 마찬가지다.

어려운 상황을 헤쳐나가려면 혁신적인
방법을 생각해내야 한다. 그런 방법을
창조해내지 못하는 한 상황은 좀처럼
나아지지 않을 것이다. 그런데 다른
시각으로 바라보면 매우 좋은 시대를 살고
있다고도 할 수 있다. 그런 측면에서 보면
내가 아직까지 이 시대를 살고 있어서
다행이라고 생각한다.

우리가 사는 이 세상은 공연장보다
더욱 생생하게 살아있는 연극
무대이다. 우리는 그 무대에서
연기하는 배우이고 주인공이다.
우리는 인생의 주인공으로서 연극을
하고 있다는 생각을 가져야 한다.

우리가 먼저 자신을 반성하고
전통을 잘 인식하는 것이
중요하다.

경영이념을 갖는 것이 가장 먼저다.
사람을 얻고 싶다면 우선 스스로
경영이념과 사명을 가져야 한다.

미래가 어떻게 변할 것이라는
선견지명은 경영자라면 당연히
갖춰야 할 소양이다.

중요한 것은 미래를 낙관적으로 생각하면 내가 해야 할 일이 무엇인지 더 많이 생각하게 된다는 점이다. 십년 뒤에는 어떤 세상이 되어 있을지 지금부터 계획해서 아이디어를 내야 한다는 생각을 하는데 그러면 즐거워져서 시간이 가는 줄을 모른다.

사람의 마음에 그런 두려움이 언제 어디서나 존재해야 한다. 물론 두려움에 위축되어서도 안되겠지만 일종의 조심스러움 같은 그런 두려움이 있어야 한다. 신앙을 갖고 있으면 신에게 죄송스럽다는 말을 하지 않나?

사람은 그런 두려움을 가지면 자신의 몸가짐을 조심하기 때문에 잘못을 저지르는 일이 줄어든다. 이렇듯 두려움을 아는 것이야 말로 바로 사람답게 살아가는 모습이 아닐까 생각한다.

우리는 주위 사람들의 장점과 재능을 보고자 해야 한다. a는 이런 장점이 있고 b는 저런 장점이 있구나. 이 장점을 더욱 발전시키고 협력하고 부족한 부분에 대해서는 도와주자라는 식으로 생각하면 사람에 대한 관심이 더 커질 것이다. 이런 시각으로 사람을 바라보고 행동하면, 우리의 주위는 밝아질 것이며 성과도 크게 오를 것이다.

매뉴얼이나 교과서를 읽고 공부하는 것만으로는 훌륭한 기업인이 될 수 없다. 수영교과서를 본다고 수영을 잘 할 수 없다. 물에 직접 들어가 수영을 해보고 물도 먹어가면서 연습을 거듭해야 비로소 수영을 할 수 있는 것처럼 실전을 통해 다양한 상황과 부딪쳐봐야 성공한다.

우리는 사회를 위해 제품을 만들고 있고 그것을 인생의 의미로 삼아야 한다. 돈 벌이 만을 위해서 장사를 하는 것이 아니라 사회를 위해서 장사를 해야 한다.

마쓰시타 고노스케의 한마디

나는 젊은이들이 마음을 다잡고 큰
뜻을 품어 크게 성공하기를 바란다.
자기 자신을 위해서도 사회를 위해서도
성공을 열망하는 것은 바람직한
일이다. 다만 그것만으로는 부족하다.
큰 뜻을 품는 것은 좋은 일이고 그런
큰 뜻을 품었다면 더욱 오늘 하루를
충실히 보내기 위해 최선을 다해야 할
것이다. 거듭 말하지만 큰 뜻을 품고
있어도 오늘의 현실을 망각하면 큰
실패를 겪게 된다. 반대로 평범하지만
성실하게 하루하루 일하다보면 그
시간들이 쌓여 어느새 커다란 족적을
만들 수 있다.

감동할 만한 사례에는 편지나
편지에 대한 답장을 쓴다. 그러나
형식에 지나지 않는 편지로는
아무 것도 되지 않는다.

나는 이중에서 무엇보다 열의를
통해 만들어낸 것이 진짜라고
생각한다. 현명함만으로는 새로운
것이 탄생되지 않는다.

나는 어느 곳이든 자신의 삶에서
좋은 경험이 될 수 있도록 경험의
장으로 만들었으면 하는 바람이다.

어떻게든 해내고 싶다는 강한 열의가 있어야 더욱 더 창조적인 것을 생각해 낼 수 있다.

현명함과 함께 반드시 열의가 있어야 한다. 이론에 열의가 더해져야 더 빛나는 결과를 얻을 수 있다.

나는 공손한 말과 두 손을 모으고 인사하는 예절을 철저히 배웠다. 생각해보면 그런 예절을 배웠다는 것은 그 무엇보다 중요한 일이었다.

건전하고 인간적인 태도와
바람직한 마음가짐이 무엇인지
곰곰이 생각해야 한다.

사실 나는 먼 미래를 내다보며 경영하지
않는다. 그보다는 그날그날을 소중히
여기며 일한다. 나는 이 덕분에 오늘에
이르게 되었다고 생각한다.

예전을 돌아보면 커다란 공장을 짓자는
식의 원대한 계획 같은 것은 없었다. 내일
모레 그리고 다음 달에는 뭘 할지 정도는
생각한 적이 있지만, 대개 그날 하루의
일을 소중히 여기며 일을 해온 것이다.

오늘을 소중히 여김으로써 오늘을
충실히 보내고, 내일을 맞이하는
것이다. 그러면 아침저녁 사이에도
아주 조금이나마 발전을 이룰 수
있다. 그날을 소중히 여김으로써
매일 조금씩 발전해 나가는 것이다.

그 다음 날에는 그 위치에서 시작하는 거다.
그럼으로써 이것이 마침내 성과와 신용으로
이어지고 단골 고객을 기쁘게 하는 결과로
이어지는 게 아닐까 생각한다. 마쓰시타
전기가 오늘에 이른 것은 바로 이런 과정의
연속이었기 때문이다.

하루 일을 끝낸 후 땀을 씻으면서
"오늘은 내가 생각해도 참으로
열심히 일했구나"라고 되뇌이던
기억이 있다. 그럴 때면 내 자신이
매우 만족스럽고 뿌듯했다.

그때는 거액의 부를 얻는 기쁨이 어떤
것인지 전혀 몰랐다. 아 오늘은 내가
생각해도 참 열심히 일 했구나 라고 나
자신을 칭찬할 때의 기쁨만 중요했다.
그때의 그 마음은 지금도 잊을 수 없지만
남들에게 높은 평가를 받는 것은 물론
감개무량한 일이다. 하지만 그보다는
스스로 자신을 돌아보고 평가하여 자신이
만족스럽게 느껴지고 칭찬받을 만하다고
느낀다면 그리고 그런 기분이 계속된다면,
그 사람은 성공한 사람이라고 생각한다.

마쓰시타 고노스케의 한마디

어떤 일이든 자신이 만족한
기분을 느낄 수 있는 사람은
반드시 그 분야에서 크든 작든
훌륭한 성과를 올릴 수 있다.
스스로 칭찬할 수 있는 삶을
산다면 이미 성공한 것이다.

이겼을 때 투구 끈을 조여야
한다. 이 말은 순조로울 때 더
경계하라는 말이다.

인간은 일이 잘 풀릴 때면 세상을
호락호락하게 여기고 만만하게
본다. 나는 잘났고 세상은 다
어리석다고 말하는데 이런
자만심에 빠지지 말아야 한다.

오히려 일이 잘 풀리지 않을 때
나는 생각하기에 따라서 매우
좋은 분위기가 형성될 수도
있다고 믿는다.

관심을 갖고 주의를 기울여
살펴보면 세상에는 해야 할 일이
얼마든지 있다. 일이 없다고
한탄하는 사람은 진정으로 일을
찾아내고자 노력하지 않는 것이다.

일에 임할 때 자신이 재미를
느끼고 몰두할 수 있느냐는 매우
중요한 일이다.

좋아하지 않는 일, 흥미를
전혀 느끼지 못하는 일은
억지로 좋게 생각하면서 할
필요가 없다.

장사는 원래 성공하게 되어
있다. 성공하지 않은 것은
성공하지 않게끔 하기 때문이다.

이겨도 좋고 져도 좋다. 해야 할
일은 한다는 생각이 중요하고
그렇게 단호하게 마음을 비우지
못하면 큰일을 결정하고 행할 수
없게 된다.

우리는 주위 사람들의 장점과
재능을 보고자 해야 한다.

자신만의 주관으로 사물을 보면,
종종 실수를 범하고 만다.

필요한 사람이 손을 내밀고 구해야
한다. 사람들은 먼저 찾아와서
답을 알려주지 않는다. 자신이
직접 가르침을 구해야 한다. 이런
적극적인 자세를 가지고 있느냐
그렇지 않느냐가 나중에 생각지
못한 큰 차이를 만들어내는 것이다.

나는 누가 하는 말이든 순수한
마음으로 일단 들었다. 그래서
이거 괜찮은걸 하는 생각이
들면 망설이지 않고 실행했다.
지금껏 나는 그렇게 해왔다.

진실은 아주 간단하다. 순수한 마음으로
도덕관을 충실히 따라야 하고 형세 관망
따윈 하지 않고 도리를 따랐다는 것이
더 중요하다. 전략이라든가 전술 같은
것 이상으로 도리를 따른다는 점이
중요하다. 자신의 처지에서 무엇이
올바른가 하는 판단에 따라 모든 것을
결정하는 것이다.

순수한 마음이 되고 싶다고 그렇게
수십 년을 기도하다 보면 큰 실수 없이
순수한 마음으로 사물을 볼 수 있게 될
것이다. 선입견에 사로잡혀서 사물을
바라보면 안된다. 허심탄회하게 사물을
있는 그대로 바라봐야 하고 자신에게
유리한 잣대로 사물을 바라봐서는 절대
안 된다. 그런 순수한 마음으로 사물을
바라보기 위해 훈련이 필요하다.

순수하고 솔직한 마음은 너를
강하고 올바르고 총명하게 만들어
줄거야. 이런 점을 명심하고
오늘부터 사물을 볼 때 자기에게
유리하게 해석하지 않도록 노력하길
바란다.

마쓰시타 고노스케의 한마디

내가 오늘날 이 자리까지 온
것은 타인의 의견을 듣고
괜찮다고 생각되는 것은 순순히
받아들였기 때문이다.

마음을 크게 하고 작은 일에
연연하지 않겠다는 대범한 마음을
가져야 한다. 자신의 이론만
주장하거나 지식에 사로잡혀서는
안 되는 것이다. 대범하고 너그러운
마음을 가지면 지식뿐만 아니라
지혜가 계속해서 샘솟는다.

허심탄회하게 나라는 존재를
버리고 순수한 마음으로 다른
사람의 의견을 경청할 수 있어야
한다. 그러면 다른 사람의 지혜를
얻을 수 있다.

성인이 된 이상 자기의 인생은
스스로 개척해나가야 한다.

삶에서 인간을 파악하는 일이
가장 중요하다는 점이야. 인간에
대해서 파악하지 못하면 지식이
진보할수록 문제가 많아진다.

스스로 해결하려는 자세를
가지지 않으면 아무 일도 이루지
못한다. 살아가다 보면 답이
안나오는 때가 있다. 하지만 그런
경우라도 발품을 팔아 이곳저곳
찾아다니며 물어볼 수 있고 혹은
전혀 생각하지 못했던 상황에서
실마리를 찾을 수도 있다. 언제든
답을 구할 방법은 얼마든지 있고
어떤 일이든 스스로 해결하고자
하는 의지, 구하고자 하는 뜻이
있다면 언젠가 길은 반드시
열리기 마련이다.

자기 자신의 힘으로 문제의 답을
찾고자 한다면 어떤 상황에서건
적극적으로 나서서 자신에게
도움이 되는 것들을 이것저것
흡수해야 한다. 흡수하고
배우겠다는 의지를 강하게
발휘해야 하고 누가 가르쳐줘서
익히는 것이 아니라 자신이
능동적으로 익혀야 한다.

배우겠다는 마음만 먹으면 방법은
얼마든지 있다. 가만히 있으면
아무도 가르쳐주지 않지만 자신이
능동적으로 물으면서 가르침을
구하기로 마음먹으면 세상 어디서든
누구에게서든 배움을 얻을 수 있다.

스스로 연구하고 궁리하는 자세를
갖춰야 한다. 기업 경영에 뜻이
있다면 훌륭한 경영자가 되기 위한
수련을 계속해야나가야 한다.

미야모도 무사시는 누구에게도 검을 쓰는
방법을 배우지 않았다. 그는 스승이 없었다.
그는 스스로 수련해서 그런 경지에 이른 것이다.
무사시처럼 우리도 누군가 "당신의 스승은
누구입니까?"라고 물을 때 스승은 없어요.
나의 스승은 바로 나입니다. 라고 대답할 수
있을 정도로 스스로 수련하여 깨달음을 얻을 수
있어야한다. 즉 나는 스스로 배웠어. 우리 모두
마찬가지야. 모두가 선생이 되고 제자가 되면서
오늘을 만들었어. 라고 말할 수 있어야 한다.

내가 성공할 수 있었던 이유는 이 일을 해야지 하고 생각한 그 뜻을 바꾸지 않았기 때문이야. 65년 동안 나는 단 한 번도 장사를 그만두지 않았어. 오로지 이 길만을 달려왔어. 돈이 없어서 어려움에 빠졌을 때도 조금도 망설임 없이 달려왔지. 그 결과 오늘의 내가 있는 것이야.

어떤 상황을 보고 그 뒤에 숨은 뜻까지 알아차려야 진정한 대장의 자격을 갖췄다고 말할 수 있어. 그러니 깊이 생각하는 지혜가 필요해. 저기서 오던 새들이 갑자기 놀라서 흩어지거나 놀랐을 때는 아래에 무언가 있기 때문이야. 저 아래 칼이나 창을 든 군사가 있어서 새들이 깜짝 놀랄 수 있다는 것까지 파악할 수 있어야 한다.

생각처럼 일이 되지 않아서
피곤하거나 방황했던 적도 있지만
장사를 시작한 이상 길은 이것밖에
없다는 생각으로 나는 운명을
걸었어. 이런 자세라면 이루지 못할
일이란 없다.

어떤 한 가지 길에서 경영의 비결을 터득한
이른바 명인의 경지에 이른 사람은 다른
어떤 일을 하더라도 성공하게 마련이다.
일하는 분야는 달라도 어떤 경지에 다다랐을
때 그들이 터득한 근본적인 사고방식은
같으므로 한 가지 분야에서 성공하면 모든
분야에서 성공할 수 있다는 뜻이다.

자신이 선택한 길에서 성공의 비결을
터득할 때 까지 노력을 멈추지 않고
정진해야한다. 자신의 길에서 성공의
비결을 터득하면 그때는 어떤 일에
도전해도 성공할 수 있다. 자신의 일에 대한
사명감과 그 일을 위해 쏟아 붓는 에너지 이
두 가지가 없으면 성공을 이룰 수 없다.

나는 지금까지 구십년 살다보니
어려움이 있어도 도중에 그만두지 않고
초지일관한 사람들이 성공을 거둔 것을
많이 보아왔다. 한 가지 일을 초지일관
밀고 나가는 것은 매우 어렵지만, 가장
효과적인 방법이기도 하다.

나는 사람들이 자신의 운명의 흐름에
따르면서 하루하루를 충실히 살다보면
다 잘될 것이라 믿는다. 세상일이라는
것이 자신의 뜻대로 되지 않을 때가
많으니 그저 커다란 운명의 흐름을 따라
흘러가는 것이지, 자신의 운명이 성에
차지 않는다며 고집을 부리면 더 어려워질
뿐이다. 내 운명을 거스르지 않고 운명을
받아들이며 자연스럽고 적극적으로
활용해 보려고 노력해야한다.

이 일은 나와 맞지 않는다. 라는 생각이
들어도 그만두지 않고 열심히 노력해볼
필요가 있다. 그러다보면 마음에 들지
않던 일도 좋아지고 사람들에게 점점
신용을 얻게 되는 것이다.

세상 모든 것은 그 역할에 맞게
활용되고 있다. 또한 활용할 수 있다는
사고방식을 가져야 하고 세상에
쓸모없는 것은 아무것도 없다는
사실이다. 그것을 이용할 방법을
모르니까 쓸모없는 것이 생기는 것이고
스스로 자신의 천성을 발견하여
자신에게 주어진 역할을 다한다면
사회 전체가 유기적으로 움직이며
번영할 것이다. 그리고 모든 사람이
행복해지는 길이 열릴 것이다.

양치기가 성공하려면 무엇보다 양의 성질에 대해서 잘 알아야한다. 인간의 삶도 마찬가지로 성공하고 싶다면 "인간이 어떤 존재인가?"라는 인간 본질부터 알아야 한다. 인간을 그저 원숭이 같은 존재로 생각한다면 성공할 수 없다. 회사를 경영할 때도 직원과 고객에 대해서 잘 알아야 성공할 수 있다.

1

이나모리 가즈오

ONE MINUTE IS ENOUGH

이나모리 가즈오

稲盛和夫

1932〜2022

아메바 경영의 창시자로 불리는 이나모리 가즈오는 1932년 1월 21일 일본 가고시마에서 태어났으며, 1959년 자본금 300만 엔으로 교토 세라믹(현 교세라)을 창업했다. 이후 반도체 소재, 전자부품, 세라믹 칼 등의 제품을 개발해 교세라를 세계적인 기업으로 성장시켰다. 특히 이나모리는 회사 조직을 여러 명의 집단으로 나눈 후 이를 '아메바'라고 지칭하고, 각각 사업 계획과 목표를 세워 부문별 채산을 높이거나 사원들의 사기를 이끌어 내는 '아메바 경영 기법'을 만들어 낸 것으로 유명하다.

1984년에는 일본 통신사 DDI를 설립하고 2000년 KDD 등과 합병해 일본 2위 통신사인 KDDI를 만들었다. 2010년 일본 정부의 요청으로 법정관리를 신청한 일본항공JAL의 회장으로 취임했다. 당시 JAL은 2조 3000억 엔의 부채로 파산했는데, 이나모리는 보수를 받지 않고 일하면서 적자 노선을 없애고 1만 6000명의 직원을 삭감하는 등의 구조 조정을 단행했다. 그 결과 그해 1884억 엔의 영업이익을 냈으며, 그는 경영 정상화를 이룬 후 2013년 3월 퇴임했다.

이겼을 때 투구 끈을 조여야 한다.
순조로울 때 더 경계하라는 말이다.

세상을 위해 사람을 위해 깨끗한
마음을 바탕으로 한 신념, 소원은
꼭 성취된다. 반대로 사리사욕을
바탕으로 한 '흐려진 원망'은
한 번은 실현되더라도 일시적인
효력으로 끝나고 만다.

인생이란 자기 자신이 각본을 쓰고
주역을 맡은 드라마다. 어떠한
드라마를 그릴지는 본인이 하기
나름이며, 마음이나 사고방식의 수준을
높임으로써 운명을 바꿀 수 있다.

리더는 항상 겸손해야 한다.
겸손한 리더만이 협조성이 있는
집단을 구축해 그 집단을 조화롭고
영속적인 성공으로 유도할 수 있다.

인생은 길다. 그러나 인간의 삶은
짧다. 그렇기 때문에, 나는 지금 이
순간을 최선을 다해 산다.

사람들이 불안하게 느낄 때,
그들에게 희망을 주는 일이 새로운
일을 시작하는 가장 좋은 방법이다.

일은 인생에서 가장 중요한 것 중
하나다. 내 인생의 목적은 돈만 버는
것이 아니라 사회에 기여하는 것이다.

이나모리
가즈오의 한마디

노동이 인격을 만든다. 일은 돈
버는 것이 아니라, 자신의 역량을
향상시키는 것이고, 일을 통해
자신을 발전시키고, 인간적으로
성장할 수 있어야 한다.

일을 할 때는 일에 전념해 최선을
다해야 하며, 일을 하지 않을
때는 온전히 휴식을 취해야 한다.

일을 할 때는 자신의 역량을 발휘할 수 있는 분야에서 일하는 것이 중요하다. 자신이 좋아하고 관심 있는 분야에서 일하면, 일을 하면서 즐거움까지 느낄 수 있다.

일을 할 때는 주변 사람들과 협력하여 일하는 것이 가장 중요하다. 일을 하면서 다른 사람들과 소통하고, 협력하여 일을 완성하는 과정에서 자신의 성장과 발전을 이룰 수 있다.

성공은 단지 돈을 많이 버는 것이 아니라, 사람들을 행복하게 하는 것이다.

신이 손을 뻗어 도와주고 싶을
정도로 일에 전념하면 반드시
성공한다.

이나모리 가즈오의 한마디

자신의 운명은 자신이 관리하라.
그렇지 않으면 누군가가 당신의
운명을 정해 버린다.

성공하는 사람과 그렇지 않은
사람의 차이는 종이 한 장이다.
성공하지 않은 사람에게 열의가
없는 것은 아니다. 차이는
인내심이다. 실패하는 사람은 일이
벽에 부딪혔을 때 핑계를 찾아서
노력하는 것을 포기해 버린다.

사람들은 영감을 밖에서 추구한다.
하지만 나는 안에서 추구한다. 내가
지금 하고 있는 일의 가능성을
맘껏 추구하고 개량을 더해 가면
상상하지도 안던 큰 혁신을 이룰 수
있다.

자신에게 주어진 일이 천직이라는
마음으로 즐겁게 일하는 것이
중요하다. 주어진 일이라서 어쩔 수
없이 한다는 생각을 버리지 않으면
절대로 일하는 고통에서 벗어날 수
없다.

이나모리 가즈오의 한마디

인생을 보다 잘 살고자 한다면
평소보다 더 잘 살려고 생각하고
노력해야 한다. 또한 그러기
위해서는 자신에게 무엇이
필요한지를 생각해야 한다.

마음의 등불이나 되거나 나침반이
되는 것은 강렬한 의지에서 비롯된다.

못하는 일이 있다면 그것은
지금의 자신이 못하는 것이고,
장래의 자신이라면 가능하다고
미래진행형으로 생각하는 것이
중요하다.

짧은 인생에서 가장 즐거운 것은 자신의 마음과 생각과 행동이 잘 맞는 사람과의 만남이다.

세상과 사람을 위한 깨끗한 마음을 바탕으로 한 신념과 소원은 꼭 성취된다. 반대로 사리사욕을 바탕으로 한 소망은 한 번은 실현되더라도 일시적인 효력으로 끝나고 만다.

리더는 항상 겸손해야 한다. 겸손한 리더만이 서로 협력하는 집단으로 만들어 회사를 조화롭고 지속적인 성공으로 유도할 수 있다.

모든 것은 마음가짐에서 결정된다.
사람을 대하는 마음을 겸허히 하고
재능보다 덕을 갖추자.

이나모리 가즈오의 한마디

스스로를 의심하지 말고 세상에
없는 것을 인정하라. 또한
재난은 기꺼이 받아들이고
행운은 신중히 받아들여라.

미래에 대한 희망을 품고
적극적으로 행동하라. 그리고
모두의 성공을 위해 철학과
비전을 공유해야 한다.

꿈만 꿀 게 아니라 오늘 당장
남보다 자주 몸을 움직여야 하고,
내일 반드시 이루어야 할 구체적인
목표를 세워야 한다.

하지 않을 뿐 못할 일은 없다. 할 수
있다고 믿고 일단 일을 시작하면
앞으로 반드시 할 수 있게 된다.

무슨 일을 하고 싶다면, 또 하고자
한다면 그 일을 반드시 해내겠다고
굳게 다짐하라. 그 정도의 각오도
없다면, 애초에 일을 시작할 필요도
없다.

반드시 할 수 있다는 신념을 가져라. 누구에게나 인생은 단 한 번뿐이다. 따라서 어떤 경우에든 인간으로서, 올바른 일을 올바르게 해내야 한다.

이나모리 가즈오의 한마디

플/러/스 사/고/법
- 항상 적극적 긍정적 건설적이다.
- 남과 함께 일하려고 애쓰고 협조성이 있다.
- 성실하고 정직하고 겸허하며 무슨 일이든 노력한다.
- 이기적이지 않고 만족할 줄 알며 감사하는 마음이 있다.
- 선의로 가득하며 배려심이 있고 친절하다.

마/이/너/스 사/고/법
- 매사에 소극적 부정적 비협조적이다.
- 어둡고 악의가 가득하며 의도가 불량하다.
- 타인을 계략에 빠뜨리려 한다.
- 불성실하고 거짓말하며 교만하고 게으르다.
- 이기적이고 탐욕스러우며 불평불만이 많다.
- 자신의 잘못은 제쳐둔 채 남을 원망하고
  시기한다.

인생은 사고법에 의해서 좌우된다.
소중한 인생을 보람차고 멋지게
만들기 위해서는 자신의 사고법을
아름답고 고상하게 가꾸는 데
힘써야 한다.

이나모리 가즈오의 한마디

내가 이상적으로 생각하는 완전한
인간은 선한 생각이 깊이 뿌리박은 채
인간으로서의 올바른 뜻을 관철하는
사람이다. 그런 사람은 사람들이
자연스럽게 저 사람과 인생을
공유하고 싶다고 할 만큼 모두가
'아! 저 사람은 멋진 사람'이라고
칭찬하고 홀딱 반할 만큼 훌륭한
인격을 지녔다고 할 수 있다.

인생은 멋진 희망으로 가득
차 있다. 끊임없이 꿈을 꾸며
낭만적이고 긍정적인 사고법을
유지한다면 미래는 더욱 활짝 열릴
것이다.

나는 지금도 입버릇처럼, 아무리
상황이 어려워도 자신의 인생과
회사의 장래를 비관적으로 보거나
말해서는 안된다. 지금의 상황은
몹시 힘들고 괴로울지 모른다.
그러나 미래는 분명 밝을 것이다.
우리 회사는 앞으로 반드시 발전할
것이다. 그렇게 믿고 그처럼
긍정적인 사고법을 유지해야 한다.

절대 불평불만을 늘어놓거나
어둡고 우울한 감정을 품지
말자. 더더욱 남을 원망하거나
미워하거나 시기해서는 안된다.
그런 부정적인 생각은 인생 전체를
어둡게 만든다.

이나모리 가즈오의 한마디

멋진 인생을 사는 사람의 사고법은
항상 긍정적이게 마련이다.
그들은 남들이 재앙이라고 느낄
만한 사건까지도 긍정적으로
받아들이고 그것을 자신을
성장시킬 좋은 기회로 여기며
감사하게 생각한다.

우선 "이런 인생을 살고 싶다.
장래에 이런 사람이 되고 싶다.
회사를 이렇게 성장시키고 싶다."는
소망을 품어야 한다. 어떤 역경에도
꺾이지 않고 바위를 뚫을 듯한
일념으로 해내겠다는 그런 굳세고
고상한 소망을 품는 것이 성공의
원천이다.

굳센 소망이란 잠재의식까지
침투한 염원이다. 그처럼 강렬한
염원으로까지 발전시킬 수 있는
소망을 품어라. 소망을 잠재의식에
침투시키면 어떻게 해야 할까 자나
깨나 그것을 깊이 생각해야만
한다. 언제나 그 소망만을 집요하게
생각한다. 그러면 잠재의식이 잠잘
때도 쉬지 않고 일하며, 소망을
실현하는 방향으로 우리를 인도할
것이다.

설령 인생항로를 걷다가 도도한
운명의 탁류에 내던져진다해도
또 불행이나 병마의 포로가 된다
해도 결코 번민하거나 두려워하지
말아라.

나는 어떤 사업이든, 동기가 선하면
즉 아름다운 마음에서 시작하면
결과도 반드시 좋을 거라고 믿었다.

이나모리 가즈오의 한마디

교세라는 창업 당시 자본금이
겨우 삼백만 엔이었고 직원이
28명이었다. 정부의 정책이나,
시장상황이 조금만 불안해지거나
요동쳐도 무너지기 쉬운 작은
규모의 영세 기업이었다. 그러나
나는 그처럼 설비도 없고, 자금도
없고 한 치 앞을 모르는 상황에서도
직원들에게 매일 우리 모두 세계
최고가 되자고 원대한 꿈을 이야기
했다.

마음이 깨끗한 사람일수록 눈앞의
목표든 인생의 목적이든 때 묻은
사람보다 훨씬 더 쉽게 달성하는
경향이 있다. 깨끗한 사람은 때
묻은 사람이 패배를 두려워하여
도전을 꺼리는 일에도 태연하게
도전하여 너무나 간단한 승리를
얻어간다.

지금 형편이 어떻든지는 중요하지
않다. 남모르는 노력을 기울이며
죽을힘을 다해 일하는 것이
중요하다. 나는 그렇게 고생한
경험이 훌륭한 인간성을 만들고
풍요로운 인생을 만든다고 믿는다.

이나모리 가즈오의 한마디

이건 좀 어려운데, 생각하는
순간 그 일은 이미 불가능해진다.
실현하기가 조금 어렵겠다고
생각했을 뿐이라고 항변하고
싶지만 마음이 조금이라도
흔들리는 순간 그 일은 틀어지기
시작한다. 의문이나 불안이
한순간이라도 머리를 스쳤다면 그
후에 아무리 노력하면 가능하다고
자신을 설득해도 소용이 없다.
한순간의 머뭇거림과 망설임과
의심이 무한한 가능성을 시들게
만들어 버린다.

무언가 대단한 것을 성취하는 사람들은
어려움에 처하더라도 노력만 하면 문제를
반드시 해결 할 수 있다고 믿는다. 한순간도
망설이지 않고, 추호의 의심도 없이 무한한
가능성을 믿고 노력하기만 하면 된다.

우리는 세상을 바꿀 수 없다. 그러나
우리는 우리 자신은 바꿀 수 있다.

낙관적으로 구상하고 비관적으로
계획하며 낙관적으로 실행하는
것이, 생각을 실현시키고 기대를
현실로 바꾸기 위해 필요한
기본적인 일이다.

이나모리 가즈오의 한마디

성실하게 있는 힘껏 일하는
행위야말로, 훌륭한 인간을 만드는
유일한 비결이다. 고생스러운
경험을 피하면서 훌륭한 인간성을
완성하는 사람은 없다.

성공의 열쇠는 어디에 있을까?
바로 순수하고 굳센 마음이다.
그 마음에서 나온 신념에는 어떤
지혜로운 전략과 전술에도 없는
강력한 힘이 숨어있다.

1

ONE MINUTE IS ENOUGH

빌 게이츠

빌 게이츠

Bill Gates

1955~

본명은 윌리엄 헨리 게이츠 3세이며, 1955년 미국 워싱턴주 시애틀에서 변호사의 아들로 태어났다. 1967년 레이크사이드스쿨에 입학하면서부터 컴퓨터와 관계를 맺게 되었으며, 이곳에서 마이크로소프트사의 공동 창업자인 폴 앨런을 만났다. 1973년 하버드대학교 법학과에 입학했다가 수학과로 전과하여 폴 앨런과 함께 다트머스대학교에서 개발한 컴퓨터 프로그래밍 언어 베이직BASIC에서 아이디어를 얻었다. 1975년 대학을 중퇴하고 뉴멕시코주 앨버커키에서 마이크로소프트사를 설립했다. 1981년 당시 세계 최대의 컴퓨터 회사인 IBM사로부터 퍼스널컴퓨터에 사용할 운영체제 프로그램(후에 DOS라고 명명됨) 개발을 의뢰받은 것을 계기로 지금의 기틀을 마련하게 되었다. 1995년 8월 '윈도 95'를 출시함으로써 퍼스널컴퓨터PC 운영체제의 획기적 전환을 가져왔으며, 이는 발매 4일 만에 전 세계적으로 100만 개 이상의 판매실적을 올리는 대기록을 세우면서 엄청난 부를 쌓아 포브스지가 선정하는 세계 억만장자 순위에서 13년 연속 1위를 차지했다. 2008년 6월 27일 자선활동에 전념하기 위하여 33년간 이끌던 마이크로소프트사의 경영에서 손을 떼고 공식 은퇴했다.

시작도 하기 전에 결과를 생각하지 말고
다른 사람 시선도 생각지 말라。

자기 자신을 다른 사람들과
비교하지 말라. 다른 사람과 자신을
비교하는 행동은 자신을 모욕하는
행동이기 때문이다.

내 앞에는 항상 새로운 도전과
기회와 배울 것들이 기다리고 있다.

성공이라는 스승은 배울 것이
없다. 왜냐하면 똑똑한 사람들이
절대 실패하지 않는다는 착각에
빠뜨리기 때문이다.

절대 오늘 일을 내일로 미루지 말라.

하잖은 일이란 없다. 작은 일부터 시작하라. 성공의 핵심요소는 바로 인내심이다.

내가 아니면 할 수 없다는 생각을 버려라. 지금 내가 없이도 세상은 문제없이 잘 돌아간다.

가는 말이 곱다고 오는 말이 항상
곱기를 바라지마라.

다른 사람들이 나를 이해해주기를
바라지마라. 그러기 전에 내가 먼저
다가가고 배려하고 이해하라.

힘들고 궂은일을 한다고
부끄럽다고 생각하지마라. 힘들고
궂은일의 다른 이름은 바로
기회이기 때문이다. 일을 할 때는
항상 적극적인 마음자세로 임하라.

때론 노력해도 안 될 때가 많다.
그렇다고 노력도 해보지 않고
정상에 오를 수 없다고 말만
되풀이하는 사람은 실패자이다.

난 어려운 일을 게으른 사람에게
맡긴다. 내가 그렇게 하는 이유는
그는 게으르기 때문에 일을 쉽게
처리하는 방법을 찾아내기 때문이다.

태어나서 가난한건 당신의 잘못이
아니지만, 죽을 때도 가난한 건
당신의 잘못이다.

화목하지 않은 가정에서 태어난
건 죄가 아니지만, 당신의 가정이
화목하지 않은 건 당신의 잘못이다.

실수는 누구나 한번쯤 아니 여러 번
수백 수천 번 할 수 있다. 그러나 같은
실수를 반복하면 그건 못난 사람이다.

빌
게
이
츠
의

한
마
디

인생은 등산과도 같다. 정상에
올라서야만 산 아래 아름다운 풍경이
보이듯 노력 없이는 정상에 이를 수 없다.

때론 노력해도 안되는 게 있다지만
노력조차 안 해보고 정상에 오를 수
없다고 말하는 사람은 폐인이다.

나는 매일 일하러 오는 것이
그렇게 즐거울 수가 없다.

시작도 하기 전에 결과를
생각하지 말라.

다른 사람이 나를 어떻게 보는지
생각 말라.

다른 사람을 평가하지도 말라.

빌 게이츠의
한마디

세상은 당신이 어떻게 생각하든
신경 쓰지 않는다. 세상이
당신에게 기대하는 것은, 당신이
만족한다고 느끼기 전에 뭔가
성취해서보여주는 것이다.

눈에는 눈 이에는 이,
갚을 땐 갚고 받을 땐 받아라.

학교 선생님이 까다롭다고 느껴지거든,
사회에 나가서 직장 상사를 한번
겪어보라. 진짜 까다로움이 무엇인지
알 수 있을 것이다.

햄버거 가게에서 일하는 것을
부끄러워할 필요는 없다. 우리 할아버지
세대엔 그것도 기회라고 생각했다.

자신의 인생을 스스로 망치고
있으면서 부모 탓을 하지 말라.

불평을 일삼지 말고 잘못한 것에서
교훈을 찾으면 된다.

인생은 학기처럼 구분되어 있지
않다. 여름방학은 아예 없다.

텔레비전 속 이야기는
현실과 다르다.

스스로 알아서 하지 않으면 직장에서는
누구도 가르쳐주지 않는다.

현실에서는 커피를 마셨으면
일을 시작해야 한다.

시간과 자원의 분배 측면에서만
따져 본다면, 종교는 그다지
효율적이지 않다. 일요일 아침에
교회에 가는 대신 할 수 있는
일은 많기 때문이다.

공부밖에 할 줄 모르는 바보에게
잘 보여야 한다. 사회에 나가면 그
바보 밑에서 일하게 될 수도 있다.

어릴 적 나에겐 원대한 꿈이 있었고
그 꿈의 대부분은 많은 량의 독서가
밑바탕 되었기에 가능했다고
생각한다.

빌
게
이
츠
의

한
마
디

자본주의를 싫어하는 사람도 있고 PC를
싫어하는 사람도 있다. 그러나 PC를
좋아하는 사람 중에 마이크로소프트사를
싫어하는 사람은 없다.

사업에 쓰이는 그 어떤 기술에도
적용되는 첫 번째 규칙은, 효율적인
작업을 위해 적용된 자동화
방식이 효율화를 극대화시킬
것이라는 점이다. 두 번째 규칙은,
비효율적인 작업을 위해 적용된
자동화 방식은 비효율화를
극대화시킬 것이라는 점이다.

나는 세상에서 가장 신나는 직업을
갖고 있다. 매일 일하러 오는 것이
그렇게 즐거울 수가 없다. 거기엔
항상 새로운 도전과 기회와 배울
것들이 기다리고 있다. 만약 누구든지
자기 직업을 나처럼 즐긴다면 결코
탈진되는 일은 없을 것이다.

사람들은 늘 변화를 두려워한다. 전기가 발명되었을 때도 두려워하지 않았나? 석탄도 두려워했고, 가스엔진도 두려워했다. 사람들은 언제나 무지했던 것이고, 바로 이러한 무지가 두려움이 된다. 하지만 시간이 지남에 따라 사람들은 최첨단 기술의 전문가들을 받아들이게 될 것이다.

네가 인식하지 못하는 것이 있다. 바로 위기감이다. 할 수 없는 것이 아니라, 하지 않고 있다는 안도감, 너만은 실패할 리 없다는 안도감, 하지만 이대로 가면 넌 실패한 수많은 사람들 중 한명이 될 것이다.

성공을 자축하는 것도 중요하지만
실패를 통해 배운 교훈에 주의를
기울이는 것이 더 중요하다.

현실에서도 실패를 경험으로 많은
배움을 얻었던 것 같다. 경험을
하다보면 노하우라는 게 생기고
오류들이 줄어들게 된다.

어릴 적 나에겐 정말 많은 꿈이 있었고
그 꿈의 대부분은 많은 책을 읽을
기회가 많았기에 가능했다고 생각한다.

도서관을 가끔 출입했을 때 지식
천국에 온 듯한 착각을 느꼈었다.
하지만 책을 즐겨 읽는 데는
게을러서 많이 읽지는 못했다.

다음 세기를 내다볼 때 다른
이들에게 능력을 부여하는 사람이
지도자가 될 것이다.

타인의 능력을 발견하고 격려해주는
건 훌륭한 성품의 결과물이다.

잠재된 능력을 이끌어 낸다는 건
참으로 경이로운 경지 같다. 아무나
할 수 있는 일이 아니고, 대부분
본인만 뛰어나길 바라는 심리가
강하니까. 그래서 지도자는 존경받는
인물 일수밖에 없다.

솔직히 사회경험하면서 많이
봤고 느껴왔던 사실이다. 경험이
부족했던 때부터 익숙해져 버렸다.
실망도 크고 절망이 섞이긴 했지만
성장의 원동력으로 승화시켜 버렸다.

아무리 영향력 있는 사람이라도
인격이 허접하면 성공한
인물이라고 보기 힘들다.

난 시험에서 F를 맞은 적이
몇 번 있다. 내 친구는 모든
시험을 통과했다. 그는 지금
마이크로소프트에서 엔지니어로
일하고 있다. 난 마이크로소프트
주인이다.

빌
게
이
츠
의

한
마
디

인생은 공평하지 않다. 그 사실에
빨리 익숙해지는 게 상책이다.

변화의 센세이션이 흐르면 그
흐름을 타고 나는 자료 수집을 미친
듯이 하는 습관이 있다. 숨어 있는
걸 포착하기 위해서다.

좋은 제품을 만들 수 없다면 적어도
좋은 제품처럼 보이게 만들어라.

적극적인 마음자세를 소유하고
자신의 단점 보완에 도전하라.

현실을 직시하고 적응한 자만이
살아남는다.

대가 없이 얻고자 하지 말라.
성공은 저절로 찾아오지 않는다.

빌
게
이
츠
의
한
마
디

변화 속에 반드시
기회가 숨어 있다.

불만이 가장 많은 고객으로부터
배울 게 가장 많다.

학교는 승자와 패자가 뚜렷이
가리지 않지만 사회 현실은
다르다는 것을 명심해라.

네가 스스로 알아서 하지 않으면
직장에서 가르쳐주지 않는다.

성공은 절대 운명의
장난처럼 쉬운 게 아니다.

큰일이든 작은 일이든 시종일관
충실해라.

너그럽지 못한 것은 곧 여유가
없음을 말한다.

나에겐 원대한 꿈이 있었고 그 꿈의
대부분은 독서가 밑바탕이 되었다.

모든 것을 내가 아니면 안 된다는
생각을 버려라.

성공은 자아실현의 욕구가 성취될
때이다.

성공은 당신의 삶과 인격과
위상을 바꿔준다.

성공은 쉽게 만족하지 않고 계속
전진할 때에만 온다.

가장 불만에 가득 찬 고객은 바로
가장 위대한 배움의 원천이다.

우리는 가난한 사람을 위한
자본주의가 될 수 있는 방법도
찾아야 한다.

성공은 똑똑한 사람들로 하여금 절대
실패할 수 없다고 착각하게 만든다.

겨울은 내 머리 위에 있다. 하지만
영원한 봄은 내 마음속에 존재한다.

한 마디 빌 게 이 츠 의

시작도 하기 전에 결과를 생각하지
말고 다른 사람 시선도 생각지 말라.

PC가 등장했을 때 사람들은 그것이
중요하다는 것을 알았다.

지적재산권의 유통기한은
바나나만큼이나 짧다.

행동을 변화시키려면 많은
돈을 투자해야 한다.

나는 PC로 실현할 수 있는 가장 기본적인
꿈조차 실현하려면 아직 멀었다.

사람들에게 문제점과 해결방식을
제시하면 사람들이 실천에
옮기리라 믿는다.

성공을 자축하는 것보다 실패를
통한 교훈에 주의를 기울이는
것이 더 중요하다.

많은 걸 누린 사람은 더
많은 책임을 져야 한다.

빌
게
이
츠
의

한
마
디

내가 살던 마을의 작은 공립
도서관이 오늘의 나를 만들었다.

똑똑한 사람들과 변화의 중심에서
더 많이 더 기꺼이 일하라.

1

ONE MINUTE IS ENOUGH

제프 벤조스

제프 베조스

Jeffrey Preston Bezos

1964〜

미국의 기술 관련 기업가이자 투자자이다. 아마존닷컴 설립자이자 최고 경영자로 잘 알려져 있다. 프린스턴 대학교를 졸업하고 1994년에 아마존닷컴을 설립하고 처음에는 인터넷 상거래를 통해 책을 판매하였으며, 이후에 넓고 다양한 상품을 판매하고 있다. 1999년에 《타임》지의 올해의 인물에 선정되었다. 2000년 블루 오리진Blue Origin사를 설립하고 우주여행선 프로젝트를 진행하고 있다. 또한 2013년 워싱턴포스트를 인수했다.

베이조스에게 영향을 미친 외할아버지 프레스턴 자이스는 젊은 시절 국방부의 연구 기관인 DARPA 우주 공학 미사일 방어 시스템 분야의 전문가로 일했으며 원자력위원회에서 활동하기도 했다. 베이조스는 16살이 될 때까지 매년 여름 방학을 텍사스에 있는 외할아버지의 농장에서 보내었는데, 이때의 경험들이 기업가의 꿈을 키우는데 중요한 영양분이 되었다고 밝혔다. 2018년 9월, 아마존 주가가 올라 시총 1조 달러를 돌파했다. 아마존 주식의 16%를 베이조스가 갖고 있어서, 베이조스의 재산은 190조 원으로 세계 1위 부자다. 개인재산 1000억 달러 돌파는 1999년 빌 게이츠 이후 2017년 베이조스가 두 번째다.

나는 변하는 것보다
변하지 않는 것에 주목한다.

모든 사업은 자꾸자꾸 젊어져야
한다. 고객층이 당신과 함께
늙어간다면 당신은 지루하다고
불평하는 사람이 될 것이다.

다른 통제요소와 마찬가지로
절약할 수밖에 없는 상황도 혁신을
채찍질한다. 비좁은 박스에서
탈출하기 위해선 빠져나가는
특별한 방법을 고안해내야 한다.

경쟁자만 바라본다면, 경쟁자가
무엇인가를 할 때까지 기다려야
한다. 고객에 집중하면 그는
선구자가 될 것이다.

회사 문화의 여러 부분은 경로 의존적이다. 길을 가면서 배워 쌓는 것이다. 따라서 회사 문화의 정해진 정답은 없다.

발명의 세계에서는 늘 예기치 않은 행운이 존재한다.

나는 주창자가 더 좋은 제품을 만든다고 확신한다. 그들은 더 많이 고민한다. 주창자에게는 어떤 일이 단순한 사업이 아니다. 돈이 돼야 하고, 말이 돼야 하지만 그게 전부가 아니다. 주창자는 자신을 설레게 만드는 가치 넘치는 일을 한다.

제프 베조스의 한마디

비판받는 것을 두려워한다면,
제발 아무것도 하지 말라.

가장 끔찍했던 경험은 은행에서
사람들에게 '휴가를 즐기기 위해
집을 두 번째로 저당 잡혀라'고
광고하는 것을 본 것이었다.
악마처럼 돈을 벌어선 안된다.

옛날에는 멋진 서비스를 만드는 데
30%, 이를 알리는 데 70%의 시간을
썼다. 새로운 시대에는 거꾸로다.

회사는 멋진 모습을 보여주는데
집중하면 안된다. 빛나는 건
영원하지 않다.

지금의 영예에 만족하지 않고
끝없이 앞으로 나아가야 한다는
말은 철학이 담긴 말이다.

한자리에 안주하기보다 늘 새로운
아이디어를 탄생시키기 위해
노력하는 도전정신이 필요하다.

제프 베조스의
한마디

눈앞에 있는 경쟁자만을 경계하다 보면 딱 그만큼까지만 발전할 수 있다는 뜻이다.

지혜롭지 않은 사람과 어울리기에는 우리의 인생은 너무 짧다.

세상이 아무리 빠르게 변하더라도 고객이 원하는 가치를 제공하면 절대 외면 받지 않는다.

아마존은 18년 동안 3가지
생각으로 성공을 이룩했다. 고객을
가장 먼저 생각하라, 새로운 것을
개발하라, 그리고 끝까지 인내하며
기다려라.

세상에는 두 종류의 회사가 있다.
고객에게서 돈을 더 받기 위해서
일하는 회사와 덜 받기 위해서
일하는 회사 아마존은 후자이다.

당신이 유연하지 않다면 벽에
머리를 박기만 할 뿐, 문제를 풀 다른
해결책을 찾을 수 없을 것이다.

제프 베조스의
한 마디

회사 브랜드는 개인의 평판과 같다.
명성은 힘든 일을 잘해 내려고
노력할 때 얻을 수 있다.

당신이 고집스럽지 않다면 실험을
너무 빨리 포기할 것이다.

새로운 일을 하기 위해서는 다른
사람들이 비합리적이라고 생각할
정도로 고집스럽게 집중해야 한다.
비판받는 것을 원하지 않는다면
체면상 선량한척 하기위해 새로운
것을 할 수 없다.

비즈니스와 인생에서 나의 모든
결정의 최선은 데이터 분석이 아니라
마음, 직관, 직감으로 내려졌다.

실패와 발명은 뗄 수 없는
쌍둥이다. 발명하기 위해서는
실험을 해야 한다.

내가 하는 일의 모든 선택은 결국
나 자신의 몫이다. 우리의 멋진
이야기를 만들어보자.

제프 베조스의 한마디

다른 회사들이 무엇을 하는지 시장조사를 해야 한다. 세상과 동떨어져 있으면 안 된다. "저거 베껴야 하겠다" 하지 말고, "저거 괜찮은데. 저거를 보고 영감을 받아서 무엇을 만들어 볼까?"라고 생각해서 당신만의 유일한 색깔을 만들어라.

다른 제약들과 마찬가지로 넉넉지 못한 여건이 혁신을 추구한다고 생각한다. 비좁은 상자에서 탈출할 방법은 빠져나갈 방법을 발명하는 것뿐이다.

마켓 리더십은 높은 매출, 높은
수익성, 더 빠른 자본 속도, 그리고
이에 상응하는 투자 자본 수익률로
변환될 수 있다.

스토리텔링이 놀랍지 않다면
최고의 기술과 비즈니스 모델을
가지고 있더라도 중요하지 않다.
아무도 알아봐 주지 않는다.

당신이 잘 진행되는 일만 하겠다고
결정하면, 당신은 많은 기회를
테이블에 놓아두고 떠나는 것과
다름없다.

가장 중요한 것은 고객에게
집요하게 집중해야 한다. 우리의
목표는 세계에서 가장 고객
중심적인 회사가 되는 것이다.

고객은 초대 손님이고 우리는
주최자다. 고객 경험의 모든 면을 매일
조금씩 개선하는 것이 우리의 일이다.

제프 베조스의
한마디

어떤 사업 계획도 현실과 부딪히는
순간에 살아남지 못한다. 현실은 언제나
변화무쌍하다. 계획은 계획일 뿐이다.

마케팅의 입소문은 매우 강력한
힘을 가지고 있다.

당신 회사의 이익률은 우리
회사에는 참고와 기회이다

최고의 고객 서비스는 홍보를 필요로
하지 않는다. 그냥 작동할 뿐이다.

지혜가 풍부하지 않은 사람과
어울리기에는 삶은 너무 짧다.

영감을 받고 생각해서 당신만의
유일한 색깔을 만들어라.

장기적인 목표를 지향한다면 소비자와
주주의 이익은 일치하게 된다.

제프 베조스의
한마디

기업은 세상과 동떨어져
있으면 반드시 퇴출된다.

당신이 유연하지 않다면 문제를 풀
다른 해결책을 찾을 수 없을 것이다.

굉장한 것을 경험하게 해주면, 고객은
서로서로 이 경험을 이야기한다.

나는 변하는 것보다
변하지 않는 것에 주목한다.

입소문은 상상할 수 없는 강력한
힘을 가지고 있다.

고객에 집중한 회사는
선구자가 될 것이다.

우리의 목표는 세계에서 가장 고객 중심적인 회사가 되는 것이다.

실험을 일 년에 두 배로 늘리면, 창의력도 두 배가 된다.

제프 베조스의 한마디

위험한 것들은 대부분 진화하지 않는다.

위대한 성공 뒤에는 위대한 실패가 숨어있다는 것을 알아야 한다.

우리가 고객의 구매 결정에 도움을
준다면 더 많이 팔 수 있다.

최고의 고객 서비스는 고객이
당신에게 전화할 필요도 없다.

호황기에 사람들은 가장 중요한
것에 집중하기가 굉장히 어렵다.

아마존은 열심히 일하고 즐기면서
역사를 만들어 간다.

고객 경험의 모든 면을 매일 조금씩
개선하는 것이 우리의 일이다.

무언가를 팔아야 한다면, 반드시
사람들의 이목을 끌어야 한다.

제프 베조스의
한마디

생각이 많아지면 오히려
행동하기가 어려워진다.

1

일론 머스크

ONE MINUTE IS ENOUGH

일론 머스크

Elon Reeve Musk

1971~

남아프리카공화국 출신의 미국 기업인이다. 페이팔의 전신이 된 온라인 결제 서비스 회사 X.com, 민간 우주기업 스페이스X를 창립했고 전기자동차 기업 테슬라를 이끌고 있다.

테슬라는 2003년 마틴 에버하드와 마크 타페닝이 창업한 회사로, 2004년 머스크가 투자자로 참여했고, 초기 창업자들이 회사를 떠나면서 머스크가 지금까지 회사를 이끌고 있다. 머스크는 테슬라를 통해 전기차는 느리다는 편견을 깨려고 노력했고, 2018년 현재에는 스포츠카 모델인 로드스터, 세단 모델인 모델 S, SUV 모델인 모델 X, 준중형 모델인 모델 3까지 나온 상태이다. 반 자율주행 기술을 포함해서 많은 첨단 기술들이 적용된 덕분에 대표 모델인 모델 S는 프리미엄 전기차의 세단으로 통한다.

2006년 머스크는 그의 사촌들의 태양광 발전 회사인 솔라시티에 초기 자금을 대주었고, 이사회 의장으로 활동하다 2016년 테슬라에서 솔라시티를 인수하게 된다. 솔라시티는 테슬라의 급속 충전소에 태양광 패널을 설치해 전기차에 전기를 공급해 주거나 가정용 전기 보관 시스템인 파워월을 제공하는 등 많은 방면으로 서비스를 제공하고 있다.

좋은 아이디어는
그것이 실현될 때까지는
항상 미친 짓이다。

좋은 피드백 보다는 나쁜 피드백에
신경을 쓰고 그와 같은 피드백을
친구들에게 받을 수 있도록
노력해라, 그게 성공 비결의 전부다.

하늘을 나는 차를 만드는 것은
어려운 일이 아니다. 어떻게 정말
안전하고 조용하게 만드느냐가
중요하다. 그게 해결되지 않으면
사용자들을 행복하게 할 수는 없다.

성공하기 위한 조언을 해주자면
지속적으로 당신이 하는 일에 대해
어떻게 하면 더 잘 할 수 있을지
스스로 질문하라.

나는 분업을 믿지 않는다.
문제는 많은 대기업에서 분업이
생각할 기회를 앗아가고 있다는
것이다. 복잡한 기계에서 작은
톱니바퀴처럼 행동하게 된다.
솔직히 그렇게 똑똑하지도 않고,
창의적이지도 않은 사람들은 계속
유지할 수 있게 해준다.

새로운 기술이 대중 시장에 수용될
수 있으려면 두 가지 조건이
필요하다. 하나는 규모의 경제가
필요하다는 것이다. 다른 하나는
디자인을 개선해야 한다는 것이다.
다양한 버전을 살펴봐야 한다.

일론 머스크의
한마디

페이팔 사업을 거치면서
'어떻게 돈을 벌 것인가'도
물론 중요하지만 인류의 미래에
가장 큰 영향을 끼치는 것이
무엇일까라는 고민을 많이 했다.

개개인의 역량은 물론 매우
중요하다. 그러나 개개인의
협업방식과 전략은 개개인의
역량을 조절할 수 있는 변수이다.

위대한 혁신은 수많은 작은 것들이
모여서 대단한 혁신을 만든다.

재능은 아주 중요하다. 마치 스포츠
팀처럼 최고의 선수를 보유한
팀이 승리하는 경우가 많겠지만
그다음에는 그 선수들이 어떻게
협력하는지가 중요하다. 그래서
채용 전략에서 승패가 가려진다.

누군가가 획기적인 혁신을 이룰
때, 작은 것 하나로 되지는 않는다.
사소한 것 하나로 성공이 이뤄지는
경우는 거의 없다. 보통은 수많은
작은 것들이 모여서 대단한 혁신을
만든다.

끈기는 정말로 중요하다. 당신이 만약 누군가로부터 그 일을 그만드라고 강요받지 않는 이상 절대 포기해서는 안된다.

벤쳐 캐피탈로부터 투자를 받기 위한 가장 좋은 방법은 제품이든 서비스든 그들에게 비전을 보여주는 일이다. 멀리 시각을 넓힐수록 투자를 유치할 확률이 높아진다.

당신이 할 수 있는 만큼 정말로 열심히 일해라 적어도 일주일에 80~100시간가량 투자해야 한다. 그게 성공에 가까이 가는 지름길이다.

내가 설립자라면 하고 싶지 않은 구차한 일도 모두 떠맡아야 한다. 사소하고 싫은 업무를 하지 않는다면 그 기업은 성공하지 못할 것이다. 어떠한 업무도 무시하지 말아야 한다.

아침에 일어났을 때 살고 싶은 이유가 있을 것이다. 왜 살고 싶은가? 무엇이 당신에게 중요한가? 무엇이 당신에게 영감을 주고 어떤 미래를 사랑하는가? 나는 인류의 미래가 성간비행과 다행성종족화를 포함하지 않는다면 우울해질 것이다.

아침에 일어나서 미래가 좋아질 거라고 생각하면 밝은 날이다. 그렇지 않다고 생각되면 그날은 우울하고 밝은 날이 아니다.

지금까지 한 일과 더 잘할 수 있는 방법에 대해 끊임없이 생각하는 피드백 시스템을 갖추는 것이 가장 중요하다.

창업은 매우 고통스럽기 때문에 남에게 추천할 만한 것은 아니다. 그러나 창업을 하게 된다면 2명이 50시간 일하는 것보다 1명이 100시간 일 하는 것이 성공할 가능성이 크게 높아진다.

깨어있는 시간동안 미친 듯이
일하고, 과감하게 도전하라.

충분히 발전한 기술은 마법과도
구별할 수 없는 사실이다.

어떤 일이 중요하다고 생각한다면,
성공가능성이 낮을지라도 뛰어들어라.

사람들이 출근해서 일을 즐기는 것을
고대하게끔 만드는 것이 중요하다.

창업을 하고 성장하려면 혁신, 추진력,
결단력 등이 제품만큼이나 중요하다.

누군가가 획기적인 혁신을 이룰 때,
작은 것 하나로는 절대 이룰 수 없다.

일론 머스크의
한마디

최초한의 노력으로
최대한의 효과를 노려라.

나는 세상을 바꾸거나 미래에 영향을
미치는 놀랄 만한 신기술에 관심이 많다.

적은 인풋으로 큰 아웃풋을 낼 수 있는
방법이 가장 좋은 생산성과 효율이다.

같이 일하는 사람들을 좋아한다는
건 가장 중요한 일이다.

좋은 아이디어는 그것이 실현될
때까지는 항상 미친 짓이다.

일정에 맞춰서 일어나진 않겠지만, 내가
어떤 말을 하면 그것은 현실이 된다.

아름다움과 영감의 가치는
아주 많이 저평가되어 있다.

MBA 프로그램은 사람들에게 회사를
어떻게 만드는지 가르쳐주지 않는다.

나에게 물리학은 생각하기
좋은 프레임워크다.

경이로운 신기술에 관심을 갖고 그게
어떻게 가능한지 의구심을 가져라.

우리는 최고의 것을 만들기
위해서는 더 엄격해져야 한다.

당신은 모든 것을 잃을 각오를 하고
미래를 위한 일에 매진해야 한다.

실패하지 않는다면 충분한 혁신을
하고 있지 않다는 방증이다.

무언가가 충분히 중요하다면 확률이
당신에게 유리하지 않더라도 시작하라.

당신은 대학을 졸업하고도 여전히
바보일 수 있다.

열정은 다른 어떤 것보다 행복하게
만들 것이다.

일론 머스크의
한마디

사람들은 목표 달성해야 할 이유를
알 때 일을 더 잘한다.

정말 중요한 일이라면 역경이
닥쳐도 그 일을 계속해야 한다.

사람은 누구나 아침에 일어났을 때
살고 싶은 이유가 있을 것이다.

나는 대학교를 다닐 때 세상을 바꿀
수 있는 일에 참여하고 싶었다.

평범한 사람들이 비범한 선택을 할
수 있다고 생각한다.

난 사람들이 교육과 지능을
혼동하는 게 싫다.

바구니 속의 일들을 컨트롤할 수만
있다면 계란을 한 바구니에 담아도 된다.

억지로 포기를 강요당하지 않는
한 인내는 아주 중요하다.

일론 머스크의
한마디

성공하려면 주도적인
사람이 되어야 한다.

나는 경쟁하지 않는다.
다만 앞서나갈 뿐이다.

자동차는 굴러가는 것이 아니라
갈망하는 것이 되어야 한다.

당신이 할 수 있는 만큼
정말로 열심히 일해라.

가장 중요한 것은 무언가가
가능하다고 믿는 것이다. 그러면
확률이 발생한다.

지금까지 한 일과 더 잘할 수
있는 방법의 시스템을 갖추는
것이 중요하다.

'내가 하는 일이 인류의 미래에 어떤 영향을 끼칠까?'라는 고민을 많이 한다.

단순하게 당면한 문제만 해결할 게 아니라 삶의 이유를 찾아야 한다.

기존 기술들을 무너뜨릴 정도로 파괴적인 혁신은 새로운 회사에서 나온다.

내가 포기한다면 그건 죽을 때 또는 완전히 무력화되었을 때뿐일 것이다.

난 시간 관리에 대한 책을 한 번도
읽어본 적이 없다.

1

ONE MINUTE IS ENOUGH

마크 저커버그

마크 저커버그

Mark Elliot Zuckerberg

1984~

미국의 소셜 미디어 페이스북의 창업주이다. 현재는 페이스북을 필두로 인스타그램, 왓츠앱, 메타 퀘스트 등을 개발·운영하는 지주사 메타의 대표이사다. 어려서부터 컴퓨터에 뛰어난 재능을 보여, 11살 때 병원 컴퓨터에 환자 도착을 알리는 프로그램을 개발할 정도의 영재였다. 고등학교에 다닐 때 마이크로소프트에서 입사 제의가 들어올 정도였다. 2002년 하버드 대학교에 입학한 뒤 보드게임, 인터넷 인터폰, 맞춤 AI DJ, 여대생들의 외모를 1:1 매치로 평가하는 페이스매시 등의 프로그램을 개발하였다. 이후 소개팅 기반의 커넥션 웹인 윙클보스 형제의 하버드 커넥션에 개발자로 참여한 뒤 아이디어를 차용하여 서비스를 독자적으로 개발하는데, 그것이 바로 페이스북이다. 그는 런칭 6개월 만에 하버드대학을 중퇴하고 전업으로 개발을 시작하여 전 세계를 대상으로 확장시킨다. 그가 탄생시킨 페이스북은 긍정적이든 부정적이든 매체와 사회, 정치 등 21세기 현대 사회에 지대한 영향을 끼친 시대적 패러다임이라 해도 과언이 아니다. 2000년대에 혜성처럼 등장한 페이스북은 북미권에서 엄청난 센세이션을 일으켰고, 저커버그는 타임지 올해의 인물에 선정된 바 있다. 메타는 2023년 4월 기준 기업 가치가 6,165억 달러 정도 되며, 저커버그는 메타의 지분 13% 가량을 보유하고 있다.

사람과 사람을 연결하면

비즈니스로 이어진다.

빠르게 움직이고 주변의 틀을
깨부숴라. 주변의 틀을 부숴버리지
않는다면 빠르게 움직이고 있는
것이 아니다.

나는 변화를 환영하고, 배우면서
앞으로 나아간다.

가장 큰 위험(risk)은 위험을 피해
가는 것이다. 모든 것이 급변하는
시대에서 위험을 피해가는
전략으로는 반드시 실패한다.

지금 사람들은 아프리카에서 죽어가는
난민보다 집 앞 잔디밭에서 죽어가고
있는 다람쥐에 더 관심이 있을지 모른다.

사람들은 매우 똑똑하거나 실무에
적용할 수 있는 응용력이 있을 수
있지만, 그들 스스로가 이를 믿지
않으면 일을 열심히 하지 않는다.

비즈니스의 기본원칙은 쉬운
것부터 먼저 시작하면, 큰 성과를
이룰 수 있다는 점이다.

마크 저커버그의
한마디

내가 자신에게 매일 묻는
말은 '나는 내가 할 수 있는 일
중에서 가장 중요한 일을 하고
있는가?'이다. 가장 중요한 문제에
나의 시간을 쓰고 있다는 생각이
들지 않으면 내가 시간을 보내는
방식에 만족하지 않는다.

아침마다 어떤 옷을 입고 출근할지,
뭘 먹을지 고민하는 시간이 아깝다.
내 인생에서 사소한 것들에 내 에너지를
소비하면 나는 내가 할 일을 하지 않는
것처럼 느낀다. 나는 최고의 제품과
서비스를 구축하고, 지역사회에 봉사하기
위한 최고의 방법을 찾기 위해 내 모든
에너지를 바치고 싶다.

세상에는 큰 조직을 이끌 수 있는
능력 있는 관리자 같은 사람들이
있는 반면, 아주 분석적이고 전략에
집중하는 사람이 있다. 이 두 가지
특징은 보통 한 사람에게서는
발견할 수 없다. 나는 나 자신을
후자에 가깝다고 말하고 싶다.

나의 목표는 절대 회사를 설립하는
것이 아니었다고 말하면 많은
사람들이 내가 돈벌이에 관심이
없다고 잘못 이해한다. 하지만
나는 단순히 회사를 설립하는 것이
목표가 아닌 세상에 아주 큰 변화를
가져올 다른 무언가를 만들겠다는
의미이다.

마크 저커버그의
한마디

가장 열정적으로 할 수 있는 것이
무엇인지 찾아라.

많은 기업체들이 실수하지 않을까
두려워한다. 위험을 감수하는 것을
두려워한다. 기업은 실패를 통해
사람들이 서로를 평가하게 하려고
만들어졌다.

단순하게 말하면 우리는 돈을 벌기
위해 서비스를 만드는 것이 아니라
더 좋은 서비스를 만들기 위해 돈을
번다.

나는 항상 몇 가지에 집중해왔다.
하나는 회사와 우리가 설립하는
것들에 대한 분명한 방향성을 갖는
것. 그리고 하나는 이를 이루기
위한 최고의 팀을 만드는 것이다.
만약 기업으로서 이 두 가지의
뚜렷한 방향성과, 이를 실행하기
위한 좋은 사람들이 있다면 기업은
잘 운영될 수 있다.

우리는 무엇인가에 열정을 가진
사람을 찾는다. 어떤 것에 열정을
가졌는지는 상관이 없다.

마크 저커버그의
한마디

사람들은 '혁신'이 창의적인
아이디어를 갖는 것으로 생각한다.
그러나 혁신은 빨리 움직이고, 많은
것을 시도해보는 것이다.

시도해보고 실패를 통해서
학습하는 것이 아무것도 시도하지
않는 것보다 낫다.

모두가 원하지만 아무도 하지 않는
일에 도전하라

주위의 비난에 흔들리지 말고
묵묵히 나아가라.

중요한 것은 무엇을 이루어
냈느냐다. 그 점만 잊지 않으면
비난에 흔들리지 않는다.

수십 번 넘어져도 젊음을
무기삼아 도전하라.

당신이 진짜 하고 싶은 것을 한다면
모든 것은 쉬워진다.

뜨거운 열정보다 중요한
것은 지속적인 열정이다.

사람과 사람을 연결하면
비즈니스로 이어진다.

나는 우리가 설립하는 것들에 분명한
방향성을 갖는 것에 집중해왔다.

우리는 어떤 무엇인가에 열정을
가진 사람을 찾는다.

자신이 좋아하는 일을 해라. 그러면
도전에 더 많은 목적의식이 생긴다.

성공한 사람들은 항상 그들의 입술에
두 가지를 가지고 있다. 첫 번째는
침묵이고 두 번째는 웃음이다.

내가 가진 돈은 사람들이
내게 맡긴 신뢰이다.

나는 변화를 환영하고,
배우면서 앞으로 나아간다.

세상에 아주 큰 변화를 가져올 다른 무언가를 만드는 것이 나의 목표다.

우리 회사는 더 좋은 서비스를 만들기 위해 돈을 번다.

마크 저커버그의 한마디

몇 명의 적을 만들지 않고는 5억 명의 친구를 만들 수 없다.

아이디어는 처음부터 완전한 형태로 떠오르지 않는다.

작은 일을 시작해야
위대한 일도 생긴다.

뿌리 깊은 나무는 바람에
흔들리지 않는다.

나는 내가 가장 중요한
문제에 나의 시간을 쓴다.

자신이 옳다고 믿는 일이면
끝까지 밀고 나가라.

인내를 하룻밤에 얻을 수는 없다.
그것은 근육을 키우는 것과 같다.

남들은 하지 않습니다. 바로 당신이
하게 될 것입니다.

마크 저커버그의
한마디

가장 위대한 성공은 마음껏 실패할
수 있는 자유에서 나온다.

비밀 하나 알려드리면 시작할 때는
아무도 모른다는 사실이다.

1분이면
충분하다

초판 인쇄   2023년 5월 25일
초판 발행   2023년 5월 30일

엮은이   김문성
펴낸이   김상철
발행처   스타북스
등록번호   제300-2006-00104호
주소   서울시 종로구 종로 19 르메이에르종로타운 B동 920호
전화   02) 735-1312
팩스   02) 735-5501
이메일   starbooks22@naver.com
ISBN   979-11-5795-695-1　03320